MARSHALL ROSENBERG

EDUCAÇÃO PARA UMA VIDA MAIS PLENA

MARSHALL ROSENBERG

EDUCAÇÃO PARA UMA VIDA MAIS PLENA

Comunicação Não Violenta – ajudando escolas a melhorar o desempenho acadêmico dos alunos, reduzir conflitos e fortalecer bons relacionamentos

Tradução
Tonia Van Acker

Título original: *Life-Enriching Education Nonviolent Communication Helps Schools Improve Performance, Reduce Conflict, and Enhance Relationships.*
Copyright © 2003 by Marshall B. Rosenberg, Ph.D.

Grafia segundo o Acordo Ortográfico da Língua Portuguesa de 1990, que entrou em vigor no Brasil em 2009.

Coordenação editorial: Lia Diskin
Revisão técnica: Silvio de Melo Barros
Revisão de provas: Lidia La Marck e Rejane Moura
Capa: Vera Rosenthal
Produção e diagramação: Tony Rodrigues

Dados Internacionais de Catalogação na Publicação (CIP)
(Câmara Brasileira do Livro, SP, Brasil)

Rosenberg, Marshall
 Educação para uma vida mais plena: comunicação não violenta – ajudando escolas a melhorar o desempenho acadêmico dos alunos, reduzir conflitos e fortalecer bons relacionamentos / Marshall Rosenberg; tradução Tônia Van Acker. – São Paulo: Palas Athena, 2021.

 Título original: Life-Enriching Education: Nonviolent Communication Helps Schools Improve Performance, Reduce Conflict, and Enhance Relationships.

 ISBN 978-65-86864-12-0

 1. Administração de conflitos 2. Comunicação interpessoal 3. Conflito interpessoal I. Título.

21-60980 CDD-153.6

Índices para catálogo sistemático:
1. Comunicação interpessoal : Psicologia aplicada 153.6

1ª edição, novembro de 2021

Todos os direitos reservados e protegidos
pela Lei 9610 de 19 de fevereiro de 1998.

É proibida a reprodução total ou parcial, por quaisquer meios, sem a autorização prévia, por escrito, da Editora.

Direitos adquiridos para a língua portuguesa por Palas Athena Editora
Alameda Lorena, 355 – Jardim Paulista
01424-001– São Paulo, SP – Brasil
Fone (11) 3050-6188
www.palasathena.org.br
editora@palasathena.org.br

SUMÁRIO

Agradecimentos 1
Prefácio de Riane Eisler 3
Prefácio do autor 9

CAPÍTULO 1 – EM DIREÇÃO À EDUCAÇÃO PARA UMA VIDA MAIS PLENA

Introdução 17
Organizações que tornam a vida mais plena 18
Comparando o sonho ao pesadelo 19
Educação para uma vida mais plena 20
Mudando o sistema 21
☐ Comunicação Não Violenta na Educação –
Partilhando o campinho 22

CAPÍTULO 2 – EXPRESSANDO MENSAGENS QUE TORNAM A VIDA MAIS PLENA

Preparando os alunos 27
O efeito de julgamentos moralistas no aprendizado 29
Avaliação de desempenho usando julgamentos de valor 31
Componentes da Comunicação Não Violenta 32
Observando com clareza sem incluir avaliações 33
☐ Exercício 1 – Observação ou avaliação? 37
Identificando e expressando sentimentos 39
☐ Exercício 2 – Expressão de sentimentos 43
Os riscos de não expressar nossos sentimentos 45
Ligando sentimentos a necessidades 46
De que você precisa? 49

☐ **Exercício 3 – Reconhecimento de necessidades** 50
Solicitando aquilo que tornaria a vida mais encantadora 52
A diferença entre pedidos e exigências 55
☐ **Exercício 4 – Expressão de pedidos** 57
O processo é o objetivo 59
As pessoas podem acabar ouvindo uma exigência,
não importa o que dissermos 61
☐ **Comunicação Não Violenta na Educação
– Divertimento para todos** 64

Capítulo 3 – Ouvindo com empatia

Empatia 67
Espelhando verbalmente aquilo que escutamos 69
Escutando pedidos 71
Conectando-se com empatia 72
Fazendo a conexão empática quando os outros não sabem
ou não querem se expressar 77
☐ **Exercício 5 – Fazendo a distinção entre ouvir
com empatia e sem empatia** 81

Capítulo 4 – Criando relacionamentos de parceria entre professores e alunos

Parceria para estabelecer objetivos e avaliações 85
Objetivos com vistas a uma vida mais plena 86
Os alunos sempre têm escolha 88
Os medos dos professores quando os alunos estão
envolvidos na escolha de objetivos 90
Exemplos de escolha partilhada de objetivos 92
Escutando a necessidade por trás do "não" 93
☐ **Exercício 6 – Escutar a necessidade por trás do "não"** 97
A parte mais importante do aprendizado 100
Os medos dos alunos quando se envolvem na escolha
de objetivos 101
Parceria na avaliação 102
Responsabilidade sim; notas não 107
☐ **Comunicação Não Violenta na Educação – A prova** 111

CAPÍTULO 5 – CRIANDO UMA COMUNIDADE DE APRENDIZADO INTERDEPENDENTE

Ética secular 117
Desenvolvendo uma comunidade de aprendizado
interdependente 119
O professor como agente de viagens 120
Materiais que permitem aos alunos aprenderem por si 122
Ajuda de alunos e pais para preparar materiais pedagógicos 123
Serviços voluntários de aulas particulares 125
A comunidade geográfica como recurso de aprendizagem 125
O agente de viagens em ação 126

CAPÍTULO 6 – TRANSFORMANDO AS ESCOLAS

Os problemas a enfrentar 131
Organizações de dominação 132
Resolução de conflitos 134
Mediação 142
☐ **Comunicação Não Violenta na Educação –
"Você está morta"** **140**
Evitando julgamentos moralistas e diagnósticos 149
O uso da força para proteger 153
☐ **Exercício 7 – Uso protetivo de força versus
uso punitivo de força** **156**
Criando equipes de sustentação 159
Transformando nossas escolas 163

Bibliografia 165
Índice remissivo 175
Anotações 180
Os quatro componentes da CNV 182
Lista de alguns sentimentos universais 183
Lista de algumas necessidades universais 183
Sobre a Comunicação Não Violenta 185
Sobre o Center for Nonviolent Communication 187
Sobre o autor 189

AGRADECIMENTOS

Sou grato ao mestre Bill Page por me conceder, há mais de vinte anos, a oportunidade de explicar como gostaria que professores e alunos trabalhassem em conjunto.

Agradeço também a JoAnne Anderson e Tom Shaheen, administradores escolares de Rockford, Illinois, pois no final da década de 60 eles me deram a oportunidade de participar da criação de escolas que funcionassem em harmonia com meus valores.

Estas experiências, juntamente com as obras de John Holt, Ivan Illich, John Gatto e Alfie Kohn, aprofundaram minha consciência sobre políticas educacionais e aumentaram minha vontade de contribuir para mudar as bases do ensino. Mais recentemente, os escritos de Riane Eisler sobre parceria e dominação no âmbito pedagógico tiveram grande influência sobre minhas ideias.

Fica aqui meu agradecimento também às colegas Miri Shapiro, de Israel, Nada Ignjatovic, da Sérvia, Vilma Costetti, da Itália, e Rita Herzog, dos Estados Unidos, por demonstrarem o que cada um de nós pode fazer para transformar as escolas que reproduzem o modelo de dominação em escolas que ofereçem oportunidades de aprendizado para tornar a vida mais plena.

Por fim, gostaria de expressar minha gratidão a Kathy Smith, que, com a ajuda de Rita Herzog e Gary Baran, editou meu texto e transformou minha linguagem acadêmica em uma mensagem que possa ser lida por todos.

PREFÁCIO DE RIANE EISLER

MUITOS reconhecem que o campo do ensino precisa urgentemente de mudanças fundamentais. Percebemos que a maioria das escolas de hoje não prepara as crianças para enfrentar os desafios sem precedentes do século 21. Sabemos que uma reforma de verdade será essencial se quisermos que os jovens vivam em um mundo mais pacífico, justo e sustentável.

Nesta obra, Marshall Rosenberg descreve os elementos-chave daquilo que denomina educação para uma vida mais plena; um processo que prepara as crianças para aprenderem por toda a vida, para se relacionarem bem com os outros e consigo mesmas, para serem criativas, flexíveis, terem iniciativa e empatia – não só com os mais próximos, mas também com toda a humanidade.

Uma vida mais plena – o pleno desenvolvimento de nossa mente, emoções e espírito – deveria ser o objetivo da educação. Infelizmente, o ensino tradicional muitas vezes tolheu ao invés de expandir o potencial da mente, do coração e da alma humanos. Não raro, interferiu em nossa curiosidade natural e na alegria de aprender, suprimiu questionamentos e o pensamento crítico e deu exemplos de comportamentos insensíveis e violentos.

Felizmente, hoje, na maioria das escolas ocidentais, não se usa mais de violência contra os alunos, contrariando o antigo ditado: "É de pequeno que se torce o pepino". No entanto, persiste o uso de métodos de ensino concebidos para preparar as pessoas a obedecer ordens superiores sem questionamento; ordens dadas na escola pelos professores, no trabalho por supervisores, na vida civil por governantes.

Também o currículo escolar muitas vezes apresenta a violência e a dominação como normais e até desejáveis – a exemplo das aulas de História onde se exige a memorização das datas de batalhas e guerras; e aulas de Literatura onde se leem épicos que apresentam conquistas sangrentas de modo idealizado, como sendo algo viril e heroico. Igualmente a estrutura escolar continua hierárquica na maioria dos casos, e o ensino é visto como um processo ao qual o aluno é submetido, ao invés de ser um processo realizado em parceria com o educando.

Esses métodos, conteúdos e estruturas são apropriados para o que tenho chamado de modelo social de dominação – no qual famílias, locais de trabalho, tribos e Estados são organizados em rígidas hierarquias de dominação, que são garantidas, em última instância, pelo medo e pela força. Esta não é uma educação apropriada para sociedades democráticas, justas e pacíficas, orientadas pelo que chamo de modelo de cooperação, e que Rosenberg denomina estruturas que tornam a vida mais plena.

É claro que já existe um considerável movimento de distanciamento do modelo de dominação, ao menos em algumas partes do mundo. Não fosse por isso, nem sequer poderíamos estar falando de uma mudança estrutural na educação sem correr o risco de punição severa, e até mesmo de morte, como acontecia com os livres-pensadores europeus durante a Idade Média, e como acontece ainda hoje em algumas partes do mundo. Entretanto, esse progresso não foi linear. Além de enfrentar feroz resistência a cada passo, também foi pontuado por regressos ao modelo de dominação. Nos dias atuais vivemos um momento de retrocesso – uma volta à maior desigualdade, violência, exploração e dominação do homem e do meio ambiente. Justamente por isso a aplicação da Comunicação Não Violenta, de Marshall Rosenberg, à educação é tão importante, urgente e oportuna.

Marshall Rosenberg é conhecido mundialmente como pioneiro na resolução não violenta de conflitos. Ele dedicou os últimos quarenta anos de sua vida ao desenvolvimento e aplicação da CNV como ferramenta para relacionamentos nos quais todos são tratados com empatia e amizade. Neste livro, ele nos mostra como utilizar o processo nas escolas. Também demonstra sua eficácia em preparar os jovens para trabalhar juntos, resolver conflitos sem violência e contribuir para o bem-estar próprio e dos outros de modo empático e cordial. Uma das características mais notáveis do trabalho de Rosenberg é justamente o foco no cuidado, na empatia e na não violência – características que, nas sociedades onde prevalece a cultura da dominação, estão relegadas àqueles que foram excluídos da governança social: mulheres, crianças e homens "afeminados". Marshall reconhece que estas são precisamente as características que devemos nutrir tanto em meninos quanto em meninas, e mostra como podemos fazê-lo através de processos educacionais eficazes e já testados, que permitem aos jovens a experiência prática da parceria.

Essa experiência é importante para todas as crianças. Elas florescem quando vivenciam relações de parceria que enriquecem a vida, como as descritas neste livro. Viver esse tipo de relacionamento é especialmente benéfico para crianças que, em seus lares, vizinhanças, seu país, aprenderam apenas duas alternativas: ou dominar ou ser dominado. Essa nova experiência revela que existe outra alternativa, que passa uma sensação mais agradável e funciona melhor para todos os envolvidos.

Escolas onde alunos e professores se relacionam como parceiros – onde a educação não violenta, que torna mais plena a vida, é base de todas as interações – são comunidades de aprendizado, e não unidades fabris hierárquicas e impessoais. Os jovens começam a ver a escola como um lugar onde podem fazer pesquisas; um lugar onde é agradável partilhar sentimentos e ideias; um espaço seguro e empolgante onde cada criança é reconhecida e valorizada e onde o espírito humano se nutre e se desenvolve.

Mais do que isso. Quando se dá ao jovem a oportunidade de vivenciar relações baseadas em respeito mútuo e cuidado, não apenas promovemos seu bem-estar, aprendizado e crescimento pessoal, mas com isso também apoiamos uma transformação maior, que leva a uma sociedade verdadeiramente democrática, menos violenta, mais igualitária, onde há respeito pelo humano.

Nesta era de armas nucleares e biológicas, a humanidade se depara com uma encruzilhada evolutiva. Com o nosso nível de desenvolvimento tecnológico, a violência crônica e a falta de cuidado e empatia nas relações que seguem o modelo de dominação são uma ameaça à própria sobrevivência da espécie humana.

| Prefácio de Riane Eisler

De um lado temos o caminho do regresso a uma dominação ainda mais rígida – o controle da família, da educação, da religião, da economia e da política.

Do outro lado vemos o caminho para um futuro de parceria amigável, mais equitativo, menos violento. O movimento em direção à parceria vem avançando há muitos séculos, em parte devido à desestabilização dos hábitos e instituições resultantes das mudanças tecnológicas que surgiram na transição do mundo agrário para o industrial. Hoje, a rápida mudança para tecnologias pós-industriais desestabilizou ainda mais crenças e instituições bastante arraigadas – e fez aflorar novas oportunidades para mudanças positivas. No entanto, ao invés de incentivar esse movimento, a educação muitas vezes o dificulta.

A pergunta fundamental para o nosso futuro é esta: Que tipo de cultura nosso sistema educacional transmite? Ele promove uma cultura que torna mais plena a vida, uma cultura de parceria e de paz? Ou promove a cultura de dominação e de violência?

Como mãe e avó, sinto um anseio urgente de ajudar a acelerar a transformação global em direção a uma cultura de parceria. Sei, graças à minha experiência de vida e minhas pesquisas, que não é fácil operar mudanças nas bases da nossa cultura. Mas sei também que é possível. De fato, isso já aconteceu no passado, caso contrário ainda estaríamos vivendo num mundo onde todas as mulheres e a maioria dos homens sabiam "seu lugar" dentro das hierarquias de dominação. Trabalhando juntos, podemos gerar culturas que fomentam, ao invés de inibir, a realização de nossos potenciais humanos mais elevados: a grande capacidade de cuidar dos outros, de sentir empatia, de criar. Esta obra – que tem fundamento nos longos anos em que Marshall desenvolveu seu trabalho pioneiro em Comunicação Não Violenta que enriquece a vida – pode nos ajudar a transformar a educação de modo a dar grande impulso a essa tarefa imprescindível.

RIANE EISLER
Autora de *O cálice e a espada,*
As crianças de amanhã e *O poder da parceria*
25 de junho de 2003

PREFÁCIO DO AUTOR

Já faz algum tempo que a educação pública vem se concentrando em currículos que, segundo acreditamos, trarão benefícios aos alunos. A educação para uma vida mais plena se baseia na premissa de que o relacionamento entre professores e alunos, o dos alunos entre si, e o dos alunos com os conteúdos que estão aprendendo são igualmente importantes se visamos preparar os jovens para o futuro.

As crianças precisam de muito mais do que habilidades básicas de escrita, leitura e matemática – embora estas sejam de fato necessárias. Precisam aprender a pensar por si próprias, descobrir o significado daquilo que aprendem, saber como trabalhar e viver junto com os outros. Através da educação para uma vida mais plena, professores, administradores escolares e pais poderão adquirir habilidades de linguagem e comunicação, bem como metodologias para estruturar o ambiente de aprendizado de modo a fomentar o desenvolvimento da autonomia e da interdependência na sala de aula. Essas habilidades nos ajudarão a preparar os jovens para viver no mundo que herdarão de nós.

MEU HISTÓRICO DENTRO DAS ESCOLAS DOS ESTADOS UNIDOS

Há quarenta anos tenho conversado com professores e administradores de escolas públicas e privadas, da pré-escola ao ensino superior. Todo esse tempo, procurei ajudá-los a integrar o processo educacional que chamo de educação para uma vida mais plena aos programas dos quais participam. Comecei a trabalhar com escolas na época em que tinha meu consultório de psicologia, no início dos anos 60, em St. Louis. Muitos dos que procuravam meus serviços eram pais cujos filhos estavam tendo problemas de aprendizado e não se comportavam da maneira como as autoridades escolares desejavam. Para ajudar as crianças, comecei a trabalhar com as escolas e percebi que sua configuração estrutural produzia sofrimento para a maioria dos professores e alunos. Percebi que o estímulo à competição impedia os alunos de se relacionarem como amigos.

Raramente observei funcionários da escola como sendo o problema. Ao longo de minha experiência de anos nessas instituições, fiquei impressionado com o cuidado e a atenção que a esmagadora maioria de professores e administradores dedicavam aos alunos. Notei sua diligência e esforço constante para oferecer oportunidades de aprendizado que enriquecessem a vida dos educandos. Vi professores e administradores sendo brutalizados pelas estruturas educacionais, da mesma forma que os estudantes.

Ampliou-se a minha consciência de que essas estruturas não sustentavam valores em harmonia com os meus próprios, e isso me levou a explorar estruturas educacionais alternativas. Junto com Bill Page, um professor e frequentador das oficinas de Comunicação Não Violenta que eu ministrava

| Prefácio do autor

na cidade, busquei uma abordagem diferente para o ensino – uma na qual os professores se relacionassem com os alunos como parceiros, e onde o programa fosse concebido para promover a cooperação ao invés da competição.

As autoridades na escola onde Bill trabalhava resistiram à ideia de ele lecionar para uma classe normal com essa metodologia nova, mas permitiram que ele experimentasse com alunos rotulados de "rebeldes" e que de qualquer modo não estavam tendo bom desempenho acadêmico. As provas aplicadas no final do ano mostraram que os alunos na classe de Bill aprenderam muito mais do que os outros das classes "normais". Quando esses alunos voltaram para as classes normais, tiveram muito menos problemas ao longo dos quatro anos seguintes – se comparados aos alunos que nunca tinham participado da classe especial de Bill.

Minha pesquisa de abordagens alternativas foi beneficiada também pela oportunidade de trabalhar com Tom Shaheen, um superintendente escolar visionário de Rockford, Illinois. Naquela época, ele e uma das diretoras sob sua supervisão, JoAnne Anderson, lutavam para criar um sistema escolar que fomentasse o respeito pela diversidade, a autonomia e a interdependência. Fui convidado a participar desse empreendimento contribuindo no treinamento dos professores. Na primeira escola criada a partir desse projeto, o desempenho acadêmico foi elevado, o vandalismo diminuiu significativamente e o programa ganhou um prêmio nacional de excelência na educação.

Naquela ocasião, começava a campanha contra a pobreza do governo Johnson. O projeto oferecia apoio a escolas em áreas carentes que quisessem criar programas inovadores, e fui convidado a participar de vários desses programas em muitas cidades do país.

OFERECENDO UMA EDUCAÇÃO PARA A PLENITUDE EM TODO O MUNDO

Desde então, continuo a ajudar escolas que tenham interesse em desenvolver programas de apoio à diversidade e fomento de autonomia e interdependência, não apenas nos Estados Unidos, mas também em vários outros países.

Há alguns anos, a diretora de uma escola israelense, Miri Shapiro, ouviu falar dos programas educacionais que eu ajudei a desenvolver e me convidou a apoiar seus esforços na criação de um programa similar na escola dela. O sucesso da escola de Miri levou a União Europeia a financiar um programa de desenvolvimento de quatro outras escolas em Israel e mais quatro no território da Autoridade Nacional Palestina. Devido ao sucesso dessas novas escolas, Miri foi designada como diretora de uma comissão nacional para a prevenção de violência nas escolas. Ela replicou o treinamento que recebeu de mim para administradores, professores, pais e alunos em mais de quatrocentas escolas israelenses.

Com o apoio da União Europeia, escolas que oferecem uma educação que torna a vida mais plena foram criadas também na Itália e na Sérvia.

Nos próximos capítulos você terá oportunidade de desenvolver uma compreensão mais ampla dos valores cultivados pela educação para uma vida mais plena:

- Habilidades de expressão para apoiar uma educação para a plenitude.
- Habilidades de conexão empática com os outros para apoiar uma educação para a plenitude.
- Meios para criar parcerias entre alunos, professores, administradores e pais de modo a tornar a vida mais plena.

| Prefácio do autor

- Meios para criar uma comunidade de aprendizado na qual as pessoas contribuam para o aprendizado e o bem-estar dos outros a fim de ter uma vida mais plena.
- Meios para manter ordem e segurança na escola a fim de ter uma vida mais plena.
- Meu sonho de uma escola para tornar mais plena a vida e como começar a transformação.

MARSHALL ROSENBERG
Reigoldswil, Suíça

"[...] lembrem-se de que informação não é conhecimento, conhecimento não é sabedoria, e sabedoria não é previsão. Cada um deles nasce do outro, e precisamos de todos."

ARTHUR C. CLARKE

CAPÍTULO 1

EM DIREÇÃO À EDUCAÇÃO PARA UMA VIDA MAIS PLENA

INTRODUÇÃO

Gostaria de oferecer a você uma visão do futuro da educação. Neste livro descreverei um processo pedagógico que pretende servir à vida em si – e não a uma ordem arbitrária ou a uma autoridade. Nos meus sonhos mais ousados viveremos num mundo no qual a obediência à autoridade não é mais o maior objetivo. Digo isso porque antes de começar qualquer projeto é preciso saber com clareza qual é nosso sonho – nossa meta última. Este é o meu (me arrisco a sugerir que, lá no fundo, é o sonho e o objetivo de todo ser humano): um mundo nutrido e sustentado por organizações que tornam a vida mais plena. Gostaria de educar esta e as futuras gerações de crianças para criarem organizações cuja meta é atender às necessidades humanas – tornar a vida mais satisfatória para si mesmos e para os outros. Chamo o processo educativo capaz de realizar isso de **educação para uma vida mais plena**. E chamo seu oposto de **educação para a dominação**.

ORGANIZAÇÕES QUE TORNAM A VIDA MAIS PLENA

As organizações que tornam a vida mais plena se caracterizam por justiça e equidade no modo como os recursos e privilégios são distribuídos. As pessoas em posições de liderança **servem** seus liderados, ao invés de tentar controlá-los. As leis, regras e regulamentos são definidos consensualmente, compreendidos por todos e seguidos de maneira voluntária.

Tais organizações, sejam famílias, escolas, empresas ou governos, valorizam o bem-estar de cada pessoa na comunidade ou organização e apoiam as ligações entre seus membros, sempre que possam tornar a vida de todos mais plena.

As conexões humanas que dão plenitude à vida possuem três características:

1. As pessoas se conectam com empatia ao que as outras estão sentindo e precisando – não se culpam nem deixam que julgamentos que sugerem erro obscureçam a conexão mútua.

2. As pessoas têm consciência da natureza interdependente dos relacionamentos e prezam o atendimento das necessidades dos outros, tanto quanto prezam a satisfação de suas próprias carências, pois sabem que estas não podem ser atendidas à custa do outro.

3. As pessoas cuidam de si e dos outros com uma única intenção: a de tornar mais plena a vida. Sua motivação não é culpa, vergonha, dever, obrigação, medo de punição ou desejo de recompensas externas – nem usam disso para coagir os outros.

| Em direção à educação para uma vida mais plena

COMPARANDO O SONHO AO PESADELO

Talvez a melhor maneira de descrever meu sonho de como seriam as organizações que tornam mais plena a vida é compará-las ao pesadelo das organizações de dominação.

ORGANIZAÇÕES DE DOMINAÇÃO	ORGANIZAÇÕES PARA UMA VIDA PLENA
Objetivo Provar quem está certo e quem está errado. Conseguir o que eu quero. Obedecer à autoridade.	**Objetivo** Tornar a vida mais satisfatória. Atender às necessidades de todos. Conectar-se a si mesmo e aos outros.
Motivação Punição, recompensa, culpa, vergonha, obrigação, dever.	**Motivação** Contribuir para o bem-estar dos outros e receber livremente dos outros.
Avaliação Rótulos e julgamentos.	**Avaliação** O que está e o que não está satisfazendo necessidades humanas? O que tornaria a vida melhor para mim e para você?

Numa organização que torna mais plena a vida, recebemos aquilo de que precisamos, mas nunca à custa de outra pessoa, pois conseguir o que queremos à custa de outra pessoa não satisfaz nossas necessidades. Nosso objetivo numa organização assim é muito mais belo; é expressar nossas necessidades sem culpar os outros, e escutar com respeito as necessidades dos outros sem que ninguém tenha de desistir do que precisa, nem ceder, criando, dessa maneira, uma qualidade de conexão que permite o atendimento das necessidades de todos.

EDUCAÇÃO PARA UMA VIDA MAIS PLENA

Os alunos que se formam no programa que eu imagino sabem valorizar sua autonomia e sua interdependência e aprendem as habilidades organizacionais necessárias à criação de sistemas que tornam a vida mais plena, sistemas onde podem viver melhor.

O que se pode observar nesse tipo de escola?
- Professores e alunos trabalham juntos como parceiros, estabelecendo objetivos em conjunto e de modo consensual.
- Professores e alunos falam através do processo linguístico que ensino, chamado **Comunicação Não Violenta**, que leva o foco da nossa atenção para: 1) os sentimentos e necessidades que motivam cada pessoa e 2) as ações que atenderiam da melhor forma a tais necessidades – sem que ninguém sofra com isso.
- Alunos motivados por sua vontade de aprender e não por medo de punições ou promessa de recompensas.
- Provas realizadas no começo do percurso formativo para estabelecer necessidades, e não no final para outorgar recompensas ou punições. As notas foram substituídas por avaliações que descrevem o que o aluno aprendeu – as habilidades e conhecimentos que adquiriu.
- Uma comunidade de aprendizado independente, concebida para estimular os alunos a cuidarem uns dos outros e se ajudarem mutuamente no aprendizado, ao invés de competir por um número limitado de recompensas – uma comunidade onde o objetivo comum é dar apoio a todos os alunos para que atinjam seus objetivos.

- Todas as regras e regulamentos são criados consensualmente pelas pessoas afetadas por essas mesmas regras: alunos, professores, pais e administradores. A força é usada somente para proteger, diante de questões de saúde e segurança, por exemplo, mas nunca com intuito punitivo.

MUDANDO O SISTEMA

Portanto, não defendo simplesmente um novo currículo escolar, um horário diferente, um ajuste na arrumação da sala, ou técnicas pedagógicas inovadoras. Muitos de vocês provavelmente já tentaram aplicar as ideais que sugiro neste livro e, de forma coletiva, nós experimentamos todas elas. O que estou propondo é uma mudança de valores, uma transformação de todo o sistema subjacente, algo bem radical.

As pessoas com quem conversei têm fome de transformação, anseiam por isso. Percebem, como Morrie Schwartz (do livro *A última grande lição*, de Mitch Albom), que "a nossa cultura não permite que as pessoas se sintam bem a respeito de si mesmas. Ensinamos as coisas erradas. E, se a cultura não funciona, é preciso ser forte para dizer: não entre nessa. Crie a sua própria cultura. Mas a maioria não consegue fazer isso".

Pode ser que sozinhos não consigamos superar nossa herança cultural, mas o primeiro passo para gerar uma cultura que torne mais plena a vida é estar disposto a imaginá-la. Depois disso, talvez, possamos criá-la juntos.

COMUNICAÇÃO NÃO VIOLENTA NA EDUCAÇÃO – PARTILHANDO O CAMPINHO

Uma professora de CNV estava ensinando o processo a professores e alunos numa escola de ensino fundamental. Certo dia, surgiu um conflito no pátio entre dois grupos de meninos. Isso foi oportunidade para demonstrar como as habilidades de CNV podem ser usadas para mediar conflitos ajudando as pessoas a escutar os sentimentos e necessidades uns dos outros.

Era perto do final do horário de recreio. Um grupinho de professores estava no pátio conversando com a professora de CNV. Dois meninos, de 10 e 12 anos respectivamente, correram na direção da professora de CNV. O mais velho tinha o rosto vermelho e estava agarrado a uma bola. O mais novo chorava.

Prof[a] CNV (dirigindo-se ao menino com a bola e adivinhando seus sentimentos): Você parece que está muito agitado e chateado!

Menino mais velho: Isso mesmo. Eu queria brincar e por causa dele [apontando para o outro] não consegui.

Prof[a] CNV (escutando suas necessidades e parafraseando): Sim, você queria brincar e se divertir com seus colegas e não pôde?

Menino mais velho: Não. Ele veio e atrapalhou o nosso jogo e pegou a bola. Nós pedimos, muitas, muitas, muitas vezes para ele ir embora porque agora não é o horário de eles brincarem.

Prof ª CNV (dirigindo-se ao menino mais novo para ver se ele tinha escutado as necessidades do mais velho): Você pode me dizer quais são as necessidades dele?

Menino mais novo: É que eles não querem brincar com a gente.

Prof ª CNV (falando com o mais novo): Me parece que você também está frustrado, e eu gostaria de saber de você, nas suas palavras, o que você ouviu seu colega dizer.

Menino mais novo: Que eles não querem que a gente atrapalhe enquanto estão jogando.

Prof ª CNV: Eu tive a mesma impressão. E agora, me diga, o que você acha disso?

Menino mais novo: Nós também queremos brincar. Só porque eles são maiores do que a gente, nunca nos deixam ficar com o campinho.

Prof ª CNV (dirigindo-se ao mais velho): Então, o que você ouviu seu colega dizer?

Menino mais velho: Eu sei, eles também querem jogar. Mas não é o horário deles.

Prof ª CNV: Espere um pouco. Será que você pode apenas escutar neste momento?

Menino mais velho: Sim. Ele também quer brincar.

Prof ª CNV: Então o que eu entendi é que vocês dois querem brincar. E vocês dois querem opinar sobre quando e como vão utilizar o campinho.

Menino mais novo: Mas não é justo. Só porque eles são maiores, sempre conseguem o que querem.

Prof ª CNV (escutando suas necessidades): Então você gostaria de ser respeitado? E gostaria de justiça?

Menino mais novo: Isso mesmo.

Prof ª CNV: Acho que talvez você gostaria de ter o mesmo tempo que eles para jogar no campinho? Será que isso atenderia a sua necessidade de respeito e justiça?

Menino mais novo: Sim.

Prof ª CNV (dirigindo-se ao mais velho): Vocês estariam dispostos a pensar em alguma maneira de fazer isso funcionar, ou será que algum de vocês precisa explicar melhor suas necessidades?

Menino mais novo: Ele vai continuar dono do campinho.

Menino mais velho: Que garantia eu tenho de que eles não vão continuar se intrometendo?

Prof ª CNV: Me parece que vocês dois têm necessidade de confiança, de saber que o outro vai cumprir o combinado sobre a divisão do tempo no campinho. É isso mesmo?

Meninos: Sim!

Prof ª CNV: Então acho que é importante, seja qual for o acordo, que escolham um arranjo que os dois aceitem de bom grado, e que vocês possam sinceramente dizer que vão tentar cumprir por determinado período de tempo para ver como funciona. Vocês concordam?

Meninos (concordando com a cabeça): Sim.

Prof ª CNV: Acho que vocês talvez já tenham alguma ideia de como isso pode funcionar. Querem conversar entre si e depois contar para mim, ou para algum dos professores, como vocês decidiram resolver o problema? Ou querem que um adulto esteja com vocês enquanto conversam?

Os dois meninos resolveram que queriam conversar entre si e, depois de alguns minutos, apareceram com um plano para dividir o campinho em alguns dias e revezar no uso dele nos outros dias. Decidiram tentar esse esquema por duas semanas e depois se encontrariam de novo para discutir se estava dando certo.

| Em direção à educação para uma vida mais plena

Enquanto os meninos faziam seus acordos, a professora de CNV conversou com suas colegas, que tinham assistido à mediação.

Prof ª CNV: Estou curiosa sobre o que vocês observaram nesta interação.

Prof ª 1: Fiquei surpresa que eles tenham conseguido resolver tão rápido.

Prof ª CNV: Você está surpresa e, talvez, tenha gostado de ver como esses alunos em conflito chegaram a um entendimento mútuo tão rápido?

Prof ª 1: Sim. Estou imaginando como eu teria resolvido a questão e qual teria sido o resultado.

Prof ª CNV: Como você teria feito?

Prof ª 1: Eu provavelmente teria dado uma bronca no menino mais velho e dito a ele que não podia brincar no campinho a semana inteira, ou algo desse tipo. Teria dado a ele alguma punição. E depois disso ele não conversaria mais com o mais novo.

Prof ª 2: Eu pensei a mesma coisa. Só que provavelmente eu teria punido o mais novo por interromper o jogo dos outros. Acho que teria dito ao grupo inteiro dele que ficassem fora do campo por um determinado período de tempo para pensar a respeito até que aprendessem a conviver bem com os outros. Mas isso nunca funciona. Só acalma as coisas por pouco tempo.

Prof ª CNV: Ouvindo isso, imagino que vocês estão interessadas em ver como eles vão continuar a resolver as coisas entre si.

Prof ª 1: Sim. Estou curiosa, também, em aprender como ajudá-los a resolver as questões entre si, como você acabou de fazer.

Capítulo 2

EXPRESSANDO MENSAGENS QUE TORNAM A VIDA MAIS PLENA

PREPARANDO OS ALUNOS

Como professores, podemos preparar os alunos para criar e participar de organizações que tornam a vida mais plena ao utilizarmos, momento a momento, uma linguagem que nos ajuda a fazer uma conexão verdadeira com os outros. Comunicação Não Violenta é o nome que dei a esse tipo de linguagem. Com esse tipo de comunicação podemos transformar professores e alunos em parceiros, dar aos estudantes as ferramentas para resolverem suas diferenças sem brigas, construir pontes entre grupos que antes eram adversários, como pais e conselho escolar – e desse modo contribuir para o nosso bem-estar e o dos outros. Por que todos não aprendem depressa essa linguagem maravilhosa e passam a utilizá-la todos os dias?

Infelizmente, a linguagem que aprendemos modela a nossa mente e nos ensina a fazer julgamentos a respeito de nós mesmos e nossas ações, e a julgar as ações dos outros em termos de categorias moralistas como certo e errado, correto e incorreto, bom e mau, normal e anormal, adequado e inadequado.

Fomos educados para acreditar que as pessoas em posição de autoridade sabem qual desses julgamentos se aplica a cada situação. Se estamos no posto rotulado como "professor" ou "diretor", achamos que é nosso papel saber o que é o melhor para todos que supervisionamos, e rapidamente rotulamos aqueles que não obedecem às nossas decisões taxando-os de "rebeldes" ou "não cooperativos", ou mesmo "emocionalmente desequilibrados". Da mesma maneira, julgamos a nós mesmos como "ineficazes" se nossos esforços não frutificam. Aprender a utilizar esse tipo de linguagem julgadora nos torna mais subservientes à autoridade, e disso dependem os sistemas de dominação.

Certa vez, o entrevistador de um programa de rádio me perguntou: "O que você acha que criaria paz na Terra?". Eu respondi: "Ensinar as pessoas a pensar em termos de suas necessidades em vez de em termos de julgamentos moralistas como certo/errado, bom/mau". Nossa! Muita gente ligou para a emissora na mesma hora. As pessoas ficam assustadas quando ouvem isso, pensam que estou recomendando a ausência de julgamentos, defendendo a total permissividade. É o contrário. Pessoas que pensam como eu têm opiniões fortes, valores sólidos, mas formam julgamentos com base nesses valores em vez de fazer julgamentos moralistas.

Por isso, a maioria não acha difícil aprender a Comunicação Não Violenta. O difícil é desaprender a linguagem dos julgamentos moralistas, a linguagem da dominação.

CAPÍTULO 2 | Expressando mensagens que tornam a vida mais plena

O EFEITO DE JULGAMENTOS MORALISTAS NO APRENDIZADO

A melhor maneira que encontrei para explicar aos professores a diferença entre julgamentos moralistas e julgamentos de valor foi certa vez numa escola de Norfolk, Virgínia. Eu estava mostrando a eles como usar julgamentos de valor ao avaliar o desempenho acadêmico dos alunos. Eles se mostraram céticos quanto a avaliar os trabalhos sem classificar como "certa" ou "errada" a resposta do aluno. Portanto, assumi várias aulas, incluindo as de matemática, ciências e linguagem, na esperança de convencer os professores de que existem alternativas a tais julgamentos. As aulas foram filmadas.

Naquele dia em que ministrei aula, foram filmadas mais de quatro horas de aula. No entanto, depois, as autoridades escolares me disseram que os primeiros 10 minutos eram suficientes para convencer os professores da importância de alternativas ao julgamento moralista.

Durante aqueles 10 minutos de vídeo, eu estou conversando com um menino de 9 anos. Ele terminara uma página de exercícios de aritmética e vi que tinha colocado a soma de 9+6=14. Portanto, disse a ele: "Amigo, estou confuso quanto ao modo como você chegou a esse resultado. Na minha conta obtive um resultado diferente. Você se incomodaria de me mostrar como fez?".

Eu disse a verdade. Realmente fiquei sem entender como ele chegou àquele resultado. Talvez ele tivesse inventado um raciocínio matemático que eu preferisse àquele que aprendera na escola. De qualquer modo, fiquei na dúvida se ele raciocinava por um método diferente ou se havia outra explicação. Então disse a ele: "Fiquei confuso, não sei como você chegou a essa resposta. Para mim dá outro resultado. Você estaria disposto a me mostrar como você fez essa conta?".

O menino abaixou a cabeça e começou a chorar.

Eu perguntei: "O que é isso, amigo, o que aconteceu?".

Ele respondeu: "Está errado".

Isso foi o suficiente para mostrar aos professores que no terceiro ano essa criança já tinha aprendido que a única coisa que importa para a escola é o modo como você é avaliado pelos outros. Ele ouviu a palavra "errado" sem que eu a tivesse pronunciado. E não apenas entendeu que estava "errado" mas sua reação mostrou o quanto se envergonhava de estar "errado". Provavelmente, ele associou estar "errado" com outros julgamentos dolorosos, como ser chamado de "burro" e as consequências negativas disso: ser excluído de alguns grupos. Em pouco tempo se consegue ensinar aos alunos que a parte mais importante da educação não é desenvolver habilidades e informações que trazem plenitude à vida, mas tratar de merecer julgamentos positivos e evitar os negativos.

Esse tipo de aprendizado é vital para manter sistemas de dominação nos quais o aluno trabalha para ganhar recompensas e evitar castigos. Recompensas e castigos não são necessários quando as pessoas percebem que seus esforços contribuem para seu próprio bem-estar e o dos outros.

Lembro-me de que uma professora do ensino fundamental ficou aborrecida quando expliquei os benefícios da avaliação através de julgamentos de valor. Ela me disse: "Você está complicando uma coisa simples. Fatos são fatos, e não vejo nada de errado se um professor fala que o aluno está certo quando ele acerta e que está errado quando erra". Então pedi à professora um exemplo de um desses fatos.

Ela respondeu: "Por exemplo, é fato que Cristóvão Colombo descobriu a América". Naquele dia eu estava acompanhado de um amigo, que é nativo de uma tribo de índios americanos. Ele calmamente disse à professora: "Não foi isso que meu avô me contou".

AVALIAÇÃO DE DESEMPENHO USANDO JULGAMENTOS DE VALOR

A avaliação através de julgamentos de valor permite ao aluno saber se seu desempenho está em harmonia com as necessidades ou valores do professor. Nesse tipo de avaliação não deveria haver julgamentos moralistas estáticos normalmente chamados de "crítica", nem apreciações positivas ou "elogios". Portanto, os professores avaliam o desempenho dos alunos dizendo "Eu concordo" ou "Eu discordo" em vez de "Isto está certo" e "Isto está errado". Os professores expressariam o que gostariam que os alunos fizessem, mas sem usar expressões que mostram que não há outra escolha, como: "Você tem de fazer isto" ou "Você não pode fazer aquilo", ou "Você deve", "Você deveria".

Para saber se os professores se comprometeram com esta ideia (e não é uma tarefa fácil), temos um detector especial. Não passam pela nossa porta os professores que mantêm em sua consciência as palavras: certo, errado, correto, incorreto, bom, mau, normal, anormal, respeitoso, desrespeitoso, bem dotado, deficiente, deve, deveria.

Os alunos que aprendem num ambiente livre de julgamentos aprendem porque querem, e não para ganhar recompensas ou evitar julgamentos moralistas e punições. Todo professor sabe, ou ao menos imagina, a alegria de dar aula para um aluno que realmente quer aprender, uma experiência que costuma ser rara.

Espero que você esteja começando a perceber que, pela simples adoção de uma linguagem diferente para avaliar o desempenho acadêmico, seria possível mudar de maneira radical o sistema educacional. E talvez você já esteja se perguntando: E os boletins? E as provas de final de ano? E as provas nacionais?

Tentarei responder a essas perguntas mais adiante. Mas, antes, gostaria de descrever os fundamentos da Comunicação Não Violenta.

COMPONENTES DA COMUNICAÇÃO NÃO VIOLENTA

A Comunicação Não Violenta nos ajuda a ter consciência e a expressar com clareza:
- Coisas que observamos que estão atendendo a nossas necessidades.
- Coisas que observamos que não estão atendendo a essas necessidades.
- O que estamos sentindo e precisando no momento atual.
- As ações que estamos solicitando para satisfazer nossas necessidades.
- Opiniões e crenças enquanto opiniões e crenças, e não como fatos.

A Comunicação Não Violenta também nos ajuda a ouvir com empatia:
- Aquilo que os outros estão observando e que corresponde às suas necessidades

Capítulo 2 | Expressando mensagens que tornam a vida mais plena

- O que os outros observam e não corresponde às suas necessidades
- O que os outros estão sentindo e precisando
- Que ações os outros desejam para atender a suas necessidades

Lembrem-se de que nosso objetivo, e o objetivo da Comunicação Não Violenta, não é conseguir o que queremos, mas formar uma conexão humana que resultará na satisfação das necessidades de todos. É simples assim, mas igualmente complexo.

OBSERVANDO COM CLAREZA SEM INCLUIR AVALIAÇÕES

Uma parte importante da Comunicação Não Violenta é a habilidade de observar o que as pessoas estão fazendo sem a interferência de avaliações que podem soar como críticas. Segundo minha experiência, numa situação em que alguém se sente criticado, é improvável que qualquer pessoa envolvida consiga atender a suas necessidades (por exemplo, a necessidade do professor de ensinar, e a do aluno de aprender). É mais provável que a crítica provoque argumentos defensivos ou críticas da parte que se sentiu atacada, ao invés de gerar a disposição de cooperar.

Mesmo que a pessoa faça o que queremos, é possível que esteja fazendo isso por vergonha, culpa ou medo de punição – e não por desejo de satisfazer as necessidades de um semelhante. E quando agem com aquelas motivações, o custo para todos os envolvidos acaba sendo muito alto. É penoso para quem recebe a crítica, pois agir com tais motivações é desumanizante. E será custoso para quem fez a crítica porque, quando somos a causa de tal desumanização, a outra pessoa perde o prazer de contribuir para o nosso bem-estar, inclusive reduzindo a probabilidade de essa pessoa ter vontade de colaborar conosco.

Ruth Bebermeyer, compositora e poetisa, escreveu uma canção para ajudar as crianças a aprender a observar sem julgar:

> Nunca vi um preguiçoso.
> Vi um homem que nunca corria
> Na hora que eu observava;
> Vi um homem que às vezes dormia
> entre o almoço e o jantar
> e que ficava em casa quando chovia.
> Mas ele não era preguiçoso.
> E antes que você me ache maluca,
> Pense bem: ele é mesmo isso
> Ou só faz coisas que chamamos de preguiça?
>
> Nunca vi uma criança burra.
> Vi um garoto que às vezes fazia
> Coisas que eu não entendia.
> Ou fazia de um jeito que eu não previa.
> Vi um garoto que não tinha ido
> Aos mesmos lugares que eu conhecia,
> Mas ele não era burro. Pense bem:
> Ele era burro ou simplesmente sabia
> Coisas diferentes das que você conhecia?

CAPÍTULO 2 | Expressando mensagens que tornam a vida mais plena

Nunca vi um cozinheiro,
Mesmo procurando toda a vida.
Vi uma pessoa que juntava ingredientes
Para fazer nossa comida.
Uma pessoa que ligava o fogo e vigiava uma panela
Que cozinhava abóbora com canela
Essas coisas eu vi, mas nunca um cozinheiro.
Me diga se quando você está olhando
Você vê um cozinheiro ou só alguém
Que faz coisas que a gente chama de cozinhar?

Quando alguns dizem preguiçoso,
Outros veem como cansado ou relaxado.
O que alguns chamam de burrice,
Outros chamam de saber diferente.
Por isso cheguei à conclusão
De que nos poupa muita confusão
Se a gente separar o que vê da nossa opinião.
Pois isso é possível, mas eu sei também,
Que esta é só a minha visão.

O que chamo de observação é o resultado do ato de ver, ouvir, tocar – algo que pode ser gravado num vídeo. É um ato descritivo. Uma avaliação envolve fazer inferências, tirar conclusões a respeito das coisas que observamos. A Comunicação Não Violenta não exige que permaneçamos totalmente objetivos sem fazer avaliações. Podemos dizer às pessoas o que sentimos diante do que observamos e afirmar aquilo que valorizamos. Mas gritar com uma criança e dizer: "Sílvia! Isso que você fez foi maldade! Bater no Leonel com um brinquedo!" é muito diferente de dizer: "Fico com medo quando vejo você bater no Leo com um brinquedo, Sílvia. Quero que todo mundo esteja em segurança dentro da classe!".

Na minha visão, a melhor maneira de demonstrar a diferença entre uma observação pura e simples e uma que contém avaliações é um quadro comparativo como este a seguir.

OBSERVAÇÃO MISTURADA COM AVALIAÇÃO	OBSERVAÇÃO SEPARADA DA AVALIAÇÃO
Você é generoso demais.	Quando você dá todo o dinheiro do seu lanche para os colegas, fico preocupada que você esteja dando algo que vai te fazer falta.
O Daniel fica enrolando.	O Daniel só estuda para a prova na véspera.
Ele não vai entregar o trabalho.	Ele não entregou o trabalho hoje.
As minorias não cuidam do que é seu.	Vi que a família de grupo minoritário que mora na casa da esquina não tirou a neve em frente da calçada da casa deles.
Hank Smith joga futebol muito mal.	Em vinte anos, Hank Smith nunca fez um gol.
Jim é feio.	A aparência de Jim não me atrai.

Alguns dos exemplos na coluna da direita contêm opiniões expressas como opiniões, não como fatos. Outros não contêm opiniões, mas apenas uma observação pura e simples.

CAPÍTULO 2 | Expressando mensagens que tornam a vida mais plena

EXERCÍCIO 1 – OBSERVAÇÃO OU AVALIAÇÃO?

Para saber se você consegue distinguir observações de avaliações, faça o exercício abaixo. Circule o número em frente da oração que contém apenas uma observação, sem incluir nenhuma avaliação.

1. Quando pedi à Maria para por favor me escutar, ela respondeu de modo grosseiro.
2. Tobias me disse que o cachorro comeu a lição de casa dele.
3. Ouvi o menino do sexto ano dizer ao menino do terceiro ano: "Você é burro".
4. Ela é muito esperta!
5. Ele escreve muito bem!
6. Esta semana, não me lembro de ter visto ela chegar na escola nenhum dia antes de o sinal tocar.
7. Ele é um encrenqueiro.
8. Ela me disse que tem um problema de aprendizado.
9. Eu a vi conversando e rindo com outras meninas e apontando para o aluno novo.
10. Eles estavam fazendo baderna.

Aqui estão as minhas respostas do exercício 1:

1. Se você circulou este número, não estamos de acordo. Considero que "grosseiro" é uma avaliação. Um exemplo de observação sem avaliação seria: "Quando pedi à Maria para por favor me escutar, ela respondeu: 'Eu não tenho obrigação de escutar ninguém!'".

2. Se você circulou este número, estamos de acordo que é expressão de uma observação que foi comunicada sem mistura de avaliações.

3. Se você circulou este número, estamos de acordo que esta é uma observação que foi comunicada sem mistura de avaliações.

4. Se você circulou este número, não estamos de acordo. Considero que "muito esperta" é uma avaliação. Uma observação sem avaliação seria: "Em todas as provas ela respondeu todas as perguntas de modo que me deixou satisfeita".

5. Se você circulou este número, não estamos de acordo. Considero "muito bem" uma avaliação. Uma observação sem avaliação seria: "Em sua história você escreveu pelo menos três parágrafos para descrever a vida de cada personagem".

6. Se você circulou este número, estamos de acordo que se trata de uma observação que foi comunicada sem mistura de avaliações.

7. Se você circulou este número, não estamos de acordo. Considero "encrenqueiro" uma avaliação. Uma observação sem avaliação seria: "Seis alunos me disseram que ele os ameaça caso não façam o que ele manda". Ou "Eu o observei no recreio e, em várias ocasiões, ele tomou a bola à força da mão dos outros alunos".

CAPÍTULO 2 | Expressando mensagens que tornam a vida mais plena

8. Se você circulou este número, estamos de acordo que se trata de uma observação que foi comunicada sem mistura de avaliações. Embora "problema de aprendizado" seja uma avaliação, a afirmação de que "Ela me disse que tem um problema de aprendizado" é um simples relato do que a aluna falou.

9. Se você circulou este número, estamos de acordo que se trata de uma observação que foi comunicada sem mistura de avaliações.

10. Se você circulou este número, não estamos de acordo. Considero "baderna" uma avaliação. Uma observação sem avaliação seria: "Eles estavam rindo mais alto do que eu gostaria enquanto eu tentava explicar a tarefa".

IDENTIFICANDO E EXPRESSANDO SENTIMENTOS

Um dos fundamentos da Comunicação Não Violenta é focar a atenção no que estamos sentindo em cada momento. Para fazer isso, é preciso reconhecer e dar nome aos sentimentos. Infelizmente, tendo sido criados numa cultura de dominação, a maioria de nós sabe pelo menos dez sinônimos para um rótulo como "burro", mas tem dificuldade de expressar a qualidade dos sentimentos, limitando-se a classificá-los como "bons" e "ruins".

Para expressar sentimentos é útil usar palavras que façam referência a emoções específicas, ao contrário de palavras vagas e que servem para tudo. Quando digo "Me sinto bem a respeito disso" ou "Me sinto mal a respeito disso", não estou sendo claro sobre o que de fato está acontecendo dentro de mim. "Bem" pode significar entusiasmado, estimulado, à vontade, satisfeito e muitas outras coisas. "Mal" pode ser desanimado, desamparado, ou um pouco desapontado.

Nossa linguagem não facilita a tarefa de expressar o que sentimos. Podemos empregar o verbo "sentir" e expressar algo inteiramente diferente de um sentimento. Observe as orações abaixo e veja como o verbo "sentir", seguido de palavras como "que" ou "como se", por sua vez seguidas de "eu", "você", "ele", "ela", "eles" ou "elas", mostra que o orador não está descrevendo um sentimento:

- Sinto que você não sabe o que está fazendo.
- Sinto que tenho coisa melhor para fazer.
- Sinto que este não é um acordo justo.
- Me sinto como se estivesse sendo atropelado.
- Sinto que eles querem que eu vá embora.

É impossível saber o que as pessoas que fizeram estas afirmações estão sentindo. Pode-se adivinhar, mas haveria boa chance de erro. A pessoa que fez a última afirmação pode estar totalmente frustrada ou encantada com a possibilidade de ir embora.

A seguir há uma lista de palavras que ajudará você a aumentar seu vocabulário para expressar sentimentos. Não é uma lista que esgota todas as possibilidades. Por favor, acrescente o que achar necessário.

CAPÍTULO 2 | Expressando mensagens que tornam a vida mais plena

SENTIMENTOS VIVENCIADOS QUANDO NOSSAS NECESSIDADES ESTÃO SENDO ATENDIDAS

Absorto/a	Carinho	Envolvido/a	Orgulho
Acolhido/a	Cativado/a	Esperançoso/a	Otimista
Acomodado/a	Compenetrado/a	Estimulado/a	Paz
Admirado/a	Compreendido/a	Excitado/a	Pilhado/a
Afeto	Concentrado/a	Expansivo/a	Pleno/a
Afortunado/a	Confiança	Extasiado/a	Prazer
Alegria	Confiante	Extático/a	Prestativo/a
Alerta	Confortável	Exuberante	Protegido/a
Alívio	Contente	Exultante	Quietude
Amistoso/a	Curioso/a	Fascinado/a	Radiante
Amoroso/a	Desapegado/a	Feliz	Relaxado/a
Animado/a	Deslumbrado/a	Gratidão	Renovado/a
Apaixonado/a	Desperto/a	Gratificado/a	Revigorado/a
Apreço	Despreocupado/a	Hipnotizado/a	Risonho/a
Arrebatado/a	Dinamismo	Incentivado/a	Satisfeito/a
Assombrado/a	Distraído/a	Inquisitivo/a	Seduzido/a
Atento/a	Efusivo/a	Inspirado/a	Seguro/a
Aventuroso/a	Elevado/a	Interessado/a	Sensível
Ávido/a	Embasbacado/a	Intrigado/a	Sereno/a
Bem-aventurado/a	Emocionado/a	Jubiloso/a	Solto/a
Bem-humorado/a	Encantado/a	Legal	Ternura
Brilhante	Energizado/a	Livre	Tocado/a
Calmo/a	Enlevado/a	Maravilhado/a	Tranquilidade
Caloroso/a	Entretido/a	Maravilhoso/a	Vivaz
Capaz	Entusiasmado/a	Meiguice	

SENTIMENTOS VIVENCIADOS QUANDO NOSSAS NECESSIDADES NÃO ESTÃO SENDO ATENDIDAS

Abatido/a	Culpado/a	Frustrado/a	Nem aí
Acabrunhado/a	Decepcionado/a	Fúria	Nervoso
Acanhado/a	Deprimido/a	Furioso/a	Nojo
Agastado/a	Derrotado/a	Hesitante	Ódio
Agitado/a	Desagrado	Horrível	Pasmo
Alarmado/a	Desamparado/a	Horrorizado/a	Passividade
Amargo/a	Desanimado/a	Hostil	Pavor
Amortecido/a	Desapontado/a	Impaciente	Perplexo/a
Angústia	Desassossegado/a	Impotente	Perturbado/a
Animosidade	Desconfiado/a	Incapaz	Pesado/a
Ansioso/a	Desconfortável	Incomodado/a	Pesaroso/a
Antipatia	Descrente	Incrédulo/a	Pessimista
Apartado/a	Desesperado/a	Indeciso/a	Preguiça
Apático/a	Desgostoso/a	Indesejado/a	Preocupado/a
Apreensivo/a	Desiludido/a	Indiferente	Provocado/a
Arrasado/a	Desinteressado/a	Infeliz	Raiva
Arrependido/a	Desligado/a	Inquieto/a	Rancor
Assoberbado/a	Dor	Inseguro/a	Rejeitado/a
Assustado/a	Emburrado/a	Insensível	Relutante
Aterrorizado/a	Enfurecido/a	Instável	Ressentido/a
Aversão	Entediado/a	Ira	Saudade
Bitolado/a	Entorpecido	Irrequieto/a	Sensível
Calor	Envergonhado/a	Irritado/a	Solidão
Cansado/a	Estagnado/a	Lassidão	Sonolento/a
Chateado/a	Estressado/a	Letárgico/a	Soturno/a
Chocado/a	Exasperado/a	Magoado/a	Surpreso/a
Ciúme	Exausto/a	Malvado/a	Susto
Confuso/a	Fatigado/a	Mau/Má	Temor
Constrangido/	Frágil	Medo	Tenso/a
Contrariado/a	Frio	Melancolia	Tristeza

EXERCÍCIO 2 – EXPRESSÃO DE SENTIMENTOS

Se você quiser saber em que pontos estamos de acordo sobre a expressão verbal de sentimentos, faça um círculo em torno do número das orações onde há expressão de um sentimento.

1. Sinto que você está com raiva.
2. Estou contente em ver que você terminou o relatório.
3. Estou triste porque gostaria que todos tivessem um senso de pertencimento à escola, e percebo que você não tem.
4. Você é encantadora!
5. Quando você mostrou a escola para o aluno novo, fiquei tão feliz!
6. Estou grata porque você me contou o que está te perturbando.
7. Sinto que vocês, alunos, não estão se esforçando tanto como poderiam.
8. Estou preocupada porque vocês não terão tempo para terminar a tarefa.
9. Quando você não faz o que eu mando, me sinto desrespeitada.
10. Fico feliz em ver o quanto você aprendeu.

Estas são as minhas respostas do exercício 2:

1. Se você circulou este número, não estamos de acordo. Não considero "você está com raiva" um sentimento. Para mim, isto expressa o que o narrador pensa que o outro está sentindo – mas não diz nada sobre o que o narrador está sentindo. Sempre que as palavras "eu sinto" são seguidas por "que, que eu, você, ele, ela, eles, elas, aquilo, como se" o que vem depois, em geral, não são sentimentos no meu modo de ver. Exemplos de expressão de sentimento seriam: "Eu sinto preocupação " ou "Estou curioso...".

2. Se você circulou este número, estamos de acordo que houve expressão verbal de um sentimento.

3. Se você circulou este número, estamos de acordo que houve expressão verbal de um sentimento.

4. Se você circulou este número, não estamos de acordo. Não considero "encantadora" como um sentimento. Na minha visão é expressão de como o narrador avalia a outra pessoa – como alguém encantador – e não de seu sentimento em relação a isso. Uma expressão de sentimento seria: "Estou encantado" ou "Fico feliz ao ver você".

5. Se você circulou este número, estamos de acordo que houve expressão verbal de um sentimento.

6. Se você circulou este número, estamos de acordo que houve expressão verbal de um sentimento.

7. Se você circulou este número, não estamos de acordo. Na minha visão, esta frase expressa o que o narrador pensa que a outra pessoa está fazendo. Isto em geral acontece quando as palavras "eu sinto" são seguidas por "que". Uma expressão de sentimento neste caso seria: "Fico triste e preocupado quando vejo a qualidade do trabalho que vocês entregaram".

Capítulo 2 | Expressando mensagens que tornam a vida mais plena

8. Se você circulou este número, estamos de acordo que houve expressão verbal de um sentimento.
9. Se você circulou este número, não estamos de acordo. Não considero "desrespeitada" um sentimento. A meu ver, é expressão do que o narrador pensa que a outra pessoa está fazendo. Uma expressão de sentimento neste caso seria: "Estou desapontada..." ou "Estou chateada..."
10. Se você circulou este número, estamos de acordo que houve expressão verbal de um sentimento.

OS RISCOS DE NÃO EXPRESSAR NOSSOS SENTIMENTOS

Quando deixamos de expressar nossos sentimentos, é provável que soframos efeitos negativos disso. Certa vez me pediram para ensinar Comunicação Não Violenta a um grupo da periferia de St. Louis. No primeiro dia, quando entrei na sala, os alunos (que até então conversavam animadamente) ficaram calados. Quando eu disse "bom dia", ninguém respondeu. Eu me senti desconfortável, mas fiquei com medo de dizê-lo. Em vez de expressar meus sentimentos, continuei da maneira mais profissional e formal possível, dizendo: "Estudaremos um processo de comunicação que, espero, poderá ajudá-los em seus relacionamentos com familiares e amigos". Continuei a apresentar outras informações sobre a Comunicação Não Violenta, mas parecia que ninguém estava escutando. Uma menina tirou uma lixa da bolsa e começou a cuidar das unhas. Os alunos perto da janela olhavam lá fora para ver o que estava acontecendo na rua. Fui me sentindo cada vez mais estranho, mas persisti no meu erro.

Por fim um dos alunos teve mais coragem do que eu e disse: "Você odeia estar com pessoas negras, não é?". Percebi imediatamente que o fato de tentar disfarçar meu desconforto acabou contribuindo para que os alunos interpretassem meu constrangimento de modo incorreto.

Então respondi: "Estou nervoso, não porque você é negro. Estou me sentindo assim porque não conheço ninguém aqui e senti que vocês não me aceitaram quando entrei na sala".

Minha expressão de vulnerabilidade teve um efeito forte nos alunos. Eles começaram a fazer perguntas a meu respeito e gradualmente foram contando algumas coisas sobre si mesmos, expressando interesse em aprender a respeito da Comunicação Não Violenta.

LIGANDO SENTIMENTOS A NECESSIDADES

A Comunicação Não Violenta faz crescer em nós a consciência de que as coisas que os outros dizem e fazem servem de estímulo para nossos sentimentos, mas nunca são a causa deles. Nossos sentimentos surgem dependendo do fato de nossas necessidades estarem sendo satisfeitas ou não. Ou seja, o professor de Sílvia não ficou assustado quando ela bateu na cabeça de Leonel com um brinquedo. O medo do professor surgiu por causa de sua necessidade de salvaguardar a integridade física de todas as crianças da turma. Se na ocasião ele estivesse com sono por ter ficado a noite anterior acordado com uma criança doente, talvez se sentisse assoberbado em vez de temeroso. Nesse caso, ele verificaria o couro cabeludo de Leonel para ver se estava machucado e praticamente ignoraria Sílvia, por estar sem energia para reagir.

Capítulo 2 | Expressando mensagens que tornam a vida mais plena

As interpretações, críticas, diagnósticos e julgamentos das pessoas na verdade são expressões alienadas de necessidades desatendidas. Por exemplo, se um aluno diz ao professor: "Não é justo! Você nunca me escolhe para fazer nada!", é provável que esteja expressando sua necessidade de igualdade. Ou se um professor diz a um aluno: "Você chegou atrasado todos os dias esta semana. Você não liga a mínima se vai aprender alguma coisa ou não, certo?" – é provável que o professor esteja externando sua necessidade de apreciação pelo trabalho investido na preparação, planejamento e apresentação das aulas.

Entretanto, expressar nossas necessidades desse modo indireto pode ser contraproducente e sabotar nossos objetivos. Quanto maior a capacidade de expressar uma ligação direta entre sentimentos e necessidades, mais fácil é para os outros reagirem de modo compassivo. Por outro lado, se expressarmos nossas necessidades através de interpretações e julgamentos, as pessoas provavelmente receberão isso como crítica. E, conforme mencionei antes, quando as pessoas ouvem qualquer coisa que soe como crítica, toda sua energia é investida em defender-se e contra-atacar ao invés de cooperar.

Contudo, a maioria de nós não aprendeu a pensar em termos de suas próprias necessidades. Pelo contrário, fomos educados para pensar em termos do que está errado nos outros quando nossas necessidades não são atendidas. Assim, se os alunos não terminam os trabalhos a tempo, os rotulamos de "preguiçosos"; ou se esquecem a lição em casa, são "irresponsáveis". Vezes sem conta comprovei que, no momento em que uma pessoa começa a falar sobre suas necessidades (em vez de criticar o outro), aumenta consideravelmente a possibilidade de encontrar caminhos para atender as necessidades de todos.

ALGUMAS DAS NECESSIDADES BÁSICAS QUE TODOS PARTILHAMOS

Autonomia
- Escolher seus próprios sonhos/ metas/ valores
- Escolher o plano para atingir esses sonhos, metas e valores

Celebração
- Celebrar a criação da vida
- Celebrar perdas: de entes queridos, sonhos, etc. (luto)

Comunhão espiritual
- Beleza
- Harmonia
- Inspiração
- Ordem
- Paz

- Contribuir para o enriquecimento da vida (exercitar o poder de contribuir para o bem-estar dos outros e do próprio)
- Empatia
- Honestidade
- Honestidade empoderante (aquela que nos permite aprender com nossas limitações)
- Proximidade
- Respeito
- Segurança emocional

Integridade
- Autenticidade
- Criatividade
- Sentido

Lazer
- Brincar, ter prazer
- Expressar-se

Interdependência
- Aceitação
- Amor
- Apoio
- Apreciação
- Calor humano
- Confiança
- Consideração
- Consolo

Bem-estar físico
- Abrigo
- Ar
- Comida e água
- Descanso
- Estar protegido de seres que ameaçam a nossa vida (vírus, bactérias, insetos e animais predadores)
- Expressão sexual
- Movimento/exercício
- Toque

CAPÍTULO 2 | Expressando mensagens que tornam a vida mais plena

Considero a enumeração acima um trabalho em andamento e sempre vejo com bons olhos os acréscimos à lista. Uma professora amiga minha fez sua própria lista de necessidades, que ela achou útil para trabalhar com os jovens.

DE QUE VOCÊ PRECISA?

Amar e pertencer; afeição; apreciação; aprender novas habilidades; autonomia para fazer escolhas; beleza; comida, água, ar e calor; compreensão; confiança; descanso; dignidade; diversão e brincadeiras; espaço; exercício físico; expressão de criatividade; harmonia; honestidade; oportunidades de ajudar os outros; ordem; paz; realização; receber apoio; respeito; segurança; ser consolado; sinceridade; toque.

Divirta-se fazendo sua própria lista. Mas procure incluir apenas necessidades humanas universais.

EXERCÍCIO 3 – RECONHECIMENTO DE NECESSIDADES

Para praticar a identificação de necessidades, por favor, circule o número em frente à afirmação onde o narrador reconhece a responsabilidade por seus sentimentos mostrando que tais sentimentos estão ligados às suas necessidades.

1. Fiquei aliviado quando você voltou, pois estava preocupado com a sua segurança.
2. Fico chateado quando você xinga sua amiga, pois sinto a necessidade de que haja respeito por todos.
3. Estou animada com seu trabalho.
4. Fico magoada quando você diz: "Eu não ligo".
5. Quando você chega atrasada à aula, eu me sinto frustrada.
6. Fico louca quando você rabisca a apostila.
7. Estou decepcionada porque queria dar uma explicação clara e percebo que não consegui.
8. Vocês me deixam tão feliz quando se ajudam mutuamente!
9. Fico confusa quando vocês fazem essas coisas.
10. Estou grata que você tenha falado, pois prezo a honestidade.

Capítulo 2 | Expressando mensagens que tornam a vida mais plena

Estas são as minhas respostas do exercício 3:

1. Se você circulou este número, estamos de acordo, pois o narrador reconheceu que é responsável por seus próprios sentimentos.

2. Se você circulou este número, estamos de acordo, pois o narrador reconheceu que é responsável por seus próprios sentimentos.

3. Se você circulou este número, não estamos de acordo. Para expressar as necessidades ou pensamentos na raiz de seus sentimentos o narrador poderia ter dito: "Estou animada com seu trabalho, pois sempre quis aprender mais sobre os golfinhos".

4. Se você circulou este número, não estamos de acordo. Para mim, a oração passa a impressão de que o comportamento da outra pessoa é o único responsável pelos sentimentos do narrador. Não revela as necessidades ou pensamentos do narrador que contribuíram para o surgimento do sentimento. Para fazer isso, o narrador poderia ter dito: "Quando você diz 'Eu não ligo', fico magoada, pois minha necessidade de consideração não foi atendida".

5. Se você circulou este número, não estamos de acordo. Para expressar as necessidades e pensamentos na origem de seus sentimentos, o narrador poderia ter dito: "Quando você chega atrasada na aula, eu me sinto frustrada porque tenho necessidade de usar nosso tempo de tal modo que todos aprendam".

6. Se você circulou este número, não estamos de acordo. Para expressar as necessidades e pensamentos por trás dos seus sentimentos, o narrador poderia ter dito: "Quando você rabisca a apostila, fico brava porque tenho necessidade de preservar nossos recursos pedagógicos".

7. Se você circulou este número, estamos de acordo, pois o narrador reconheceu que é responsável pelos próprios sentimentos.

8. Se você circulou este número, não estamos de acordo. Para expressar as necessidades e pensamentos na base dos sentimentos do narrador, este poderia ter dito: "Fico feliz quando vejo vocês ajudando uns aos outros, pois dou muito valor à cooperação e ao aprendizado partilhado".

9. Se você circulou este número, não estamos de acordo. Para expressar as necessidades e pensamentos na base dos sentimentos do narrador, este poderia ter dito: "Fico confusa quando vocês fazem essas coisas. Gostaria de compreender que necessidades vocês estão tentando satisfazer".

10. Se você circulou este número, estamos de acordo, pois o narrador reconheceu que é responsável pelos próprios sentimentos.

SOLICITANDO AQUILO QUE TORNARIA A VIDA MAIS ENCANTADORA

Digamos que o seu aluno de língua portuguesa chega pela quinta vez na semana sem ter feito a lição de casa e, como você decidiu usar a Comunicação Não Violenta para interagir com os alunos, você refreia o impulso de dizer que ele é preguiçoso e irresponsável. Em vez disso, você diz a ele o que observou, sem acrescentar avaliação alguma ("Quando você me responde dizendo que não fez a lição") e diz o que sente a respeito disso ("eu fico intrigada") e faz a ligação entre essa observação e o seu sentimento ("porque preciso

Capítulo 2 | Expressando mensagens que tornam a vida mais plena

contribuir para o aprendizado de meus alunos e não sei como você vai aprender literatura sem ler"). Até aqui, tudo bem. O último passo é comunicar com clareza o que seu aluno poderia fazer para atender às suas necessidades. Muitas vezes esta é a etapa mais difícil. Você já pediu cinco vezes que ele lesse determinado conto de *Sagarana* e ele não leu, portanto, não adianta pedir de novo. Que sugestão você poderia dar a ele que estabelecesse uma conexão entre vocês e que conseguisse satisfazer as necessidades dos dois envolvidos?

Para encontrar a resposta a essa pergunta, vejamos que tipo de pedido é característico da Comunicação Não Violenta. Em primeiro lugar, a CNV trata de expressar nossos anseios no lugar de expressar o que não queremos. Muitas das confusões que acontecem são resultado de um pedido para não fazer alguma coisa. Meu exemplo predileto é o de uma menininha da pré-escola a quem a professora pediu que parasse de beliscar os colegas quando estava aborrecida com eles. Da próxima vez que um coleguinha tomou o brinquedo de suas mãos, a menina o mordeu.

Além de fazer pedidos em termos daquilo que realmente queremos, eles devem propor uma ação concreta em linguagem direta, evitando expressões vagas e abstratas. Ao expressar pedidos em linguagem clara que descreve ações, aumentamos a probabilidade de o outro estar mais disposto a nos atender.

A confusão que pode surgir por causa de uma fala vaga ou ambígua ao fazer pedidos é demonstrada de modo cômico em uma tirinha humorística onde vemos um homem que caiu num lago e não sabe nadar. Ele grita para seu cão, que está na margem: "Lassie, vá procurar ajuda!". No próximo quadrinho, vemos o cão no divã de um psiquiatra.

Certa vez me convidaram para trabalhar com estudantes universitários que tinham sérios problemas com o diretor da faculdade, pois o consideravam racista. Um pastor, que vinha trabalhando com esses rapazes, soube que planejavam uma retaliação violenta contra o diretor. Bastante preocupado, pediu aos alunos que antes conversassem comigo. Por respeito ao pastor, eles concordaram.

Durante nossa reunião, os rapazes disseram que estavam sendo discriminados e que era injusto. Depois de ouvir os comentários deles, sugeri que explicassem o que gostariam de pedir ao diretor.

Um dos alunos respondeu desgostoso: "De que adianta? Já procuramos o diretor e dissemos a ele o que queríamos e ele respondeu: 'Saiam daqui! Vocês não podem me dizer o que devo fazer'".

Perguntei aos alunos qual tinha sido o pedido. Eles me contaram que logo de saída disseram ao diretor que não queriam que ele dissesse como tinham de cortar o cabelo. Manifestei aos alunos que na minha opinião eles receberiam uma resposta bem mais cooperativa se dissessem o que de fato queriam, ao invés de dizer o que não queriam.

Em seguida me contaram que tinham dito ao diretor que queriam ser tratados com mais justiça. Novamente, manifestei aos alunos que na minha visão teriam tido uma reação mais positiva caso descrevessem ações específicas que eles desejavam, em vez de usar uma expressão vaga como "tratamento mais justo".

Trabalhamos juntos para encontrar maneiras de expressar o que eles queriam solicitar de modo claro e em linguagem que descrevesse ações positivas. No fim da reunião, os alunos tinham feito uma lista com 38 ações que gostariam de ver implementadas em sua escola. No dia seguinte à nossa reunião, os alunos foram novamente ao encontro do diretor e expressaram seus pedidos. Contudo, desta vez o fizeram usando a linguagem clara de ações propositivas que havíamos exercitado. Na noite daquele dia eles me telefonaram entusiasmados e me disseram que o diretor tinha concordado com os 38 pedidos. Três dias mais tarde, um representante da Secretaria de Educação me telefonou solicitando um curso para seus administradores escolares.

A DIFERENÇA ENTRE PEDIDOS E EXIGÊNCIAS

Uma terceira característica dos pedidos na Comunicação Não Violenta é conhecer a diferença entre pedidos e exigências. Quando fazemos um pedido e as pessoas escutam como exigência, elas sentem que, se não concordarem, serão culpadas ou punidas. Ao ouvir um pedido como exigência, parece haver apenas duas opções: submissão ou rebelião. Seja qual for a reação, as exigências chegam como algo coercitivo, e é provável que os outros não queiram reagir cooperativamente àquilo que solicitamos.

Se uma professora diz ao aluno: "Você poderia mover sua cadeira para o fundo da sala para que eu coloque a mesa com os fósseis aqui?", isto poderia ser um pedido ou uma exigência, segundo meu modo de definir estas duas categorias. A diferença entre um pedido e uma exigência não é a polidez da nossa fala. A diferença se vê pelo modo como a pessoa que fez o pedido trata os outros quando estes não fazem o que foi solicitado.

Portanto, se o aluno responde à solicitação da professora dizendo "Prefiro ficar onde estou", e a professora diz "Você não está mostrando muita consideração!", nesse caso eu diria que era uma exigência. A professora fez um julgamento moralista em relação à preferência do aluno, em vez de tentar compreender a motivação dele.

Esta é a situação:

Professora: Você poderia mover sua cadeira para o fundo da sala para eu colocar a mesa com os fósseis aqui?

Aluno: Prefiro ficar onde estou.

Professora: Você me magoa quando se recusa a fazer o que pedi. Você sabe como esta coleção de fósseis é importante para mim.

Nesta situação, quando o aluno diz "não", a professora dá a entender que o aluno a está magoando. Muitas vezes, quando culpamos os outros pelos nossos sentimentos, é na esperança de que o outro se sinta mal por não fazer o que pedimos. Quanto mais entendemos o "não" como rejeição ou causa da nossa infelicidade, maior a probabilidade de nossos pedidos serem ouvidos como exigências no futuro.

CAPÍTULO 2 | Expressando mensagens que tornam a vida mais plena

EXERCÍCIO 4 – EXPRESSÃO DE PEDIDOS

Para saber se estamos de acordo sobre o modo de expressar pedidos com clareza, circule o número em frente das orações onde o narrador expressou claramente seu pedido de uma ação específica.

1. Quero que você seja mais respeitoso.

2. Gostaria que você prestasse atenção quando estou falando.

3. Gostaria que você me dissesse nas suas palavras quais são os meus objetivos ao propor este projeto.

4. Gostaria que no futuro vocês chegassem na hora.

5. Gostaria que você me dissesse se estaria disposto a conversar comigo sobre o que aconteceu entre você e o Tobias hoje.

6. Gostaria que você se esforçasse mais.

7. Gostaria que nos próximos cinco minutos você guardasse todos os materiais que usou.

8. Gostaria que você usasse palavras para dizer a ela o que está acontecendo.

9. Gostaria que vocês levantassem a mão a qualquer momento se não estiverem entendendo minhas instruções. Vocês estão dispostos a fazer assim?

10. Quero que este seja um jogo justo.

Aqui estão as minhas respostas do exercício 4:

1. Se você circulou este número, não estamos de acordo. Para mim as palavras "ser mais respeitoso" não expressam claramente a ação específica que está sendo solicitada. O narrador poderia ter dito: "Gostaria que você respondesse minha pergunta ou me dissesse que necessidade sua o impede de responder".

2. Se você circulou este número, não estamos de acordo. Para mim as palavras "prestar atenção" não expressam claramente a ação específica que está sendo solicitada. O narrador poderia ter dito: "Depois que eu terminar de falar, gostaria que você me dissesse o que compreendeu".

3. Se você circulou este número, estamos de acordo que a oração expressa claramente o que o narrador está pedindo.

4. Se você circulou este número, não estamos de acordo. Para mim, as palavras "na hora" não expressam claramente a ação específica que está sendo solicitada. O narrador poderia ter dito: "Vocês estão dispostos, de agora em diante, a guardar suas mochilas e agasalhos e sentar em seus lugares antes de o sinal tocar?".

5. Se você circulou este número, estamos de acordo que a oração expressa claramente o que o narrador está pedindo.

6. Se você circulou este número, não estamos de acordo. Na minha visão, as palavras "esforçar-se mais" não expressam claramente a ação específica que está sendo solicitada. O narrador poderia ter dito: "Gostaria que você me dissesse o que posso fazer para ajudá-lo a se concentrar nesta tarefa até terminá-la".

7. Se você circulou este número, estamos de acordo que a oração expressa claramente o que o narrador está pedindo.

Capítulo 2 | Expressando mensagens que tornam a vida mais plena

8. Se você circulou este número, não estamos de acordo. As palavras "use palavras" não expressam claramente uma ação específica. O narrador poderia ter dito: "Gostaria que você dissesse a ela o que ela fez que você não gostou, como você se sentiu a respeito e que necessidades suas deixaram de ser atendidas".

9. Se você circulou este número, estamos de acordo que a oração expressa claramente o que o narrador está pedindo.

10. Se você circulou este número, não estamos de acordo. A palavra "justo" não expressa com clareza uma ação específica que está sendo solicitada. O narrador poderia ter dito: "Gostaria que você me dissesse se está disposto a aceitar que cada pessoa tenha sua vez de jogar, e que ninguém terá uma segunda vez sem que antes todos tenham tido uma oportunidade de jogar".

O PROCESSO É O OBJETIVO

Se seu objetivo é apenas mudar o comportamento dos outros, ou conseguir o que quer, a Comunicação Não Violenta não é o processo adequado. A CNV é um tipo de comunicação para aqueles que querem ouvir um "sim" a seus pedidos **somente** se a pessoa concordar por livre e espontânea vontade e como expressão de sua compaixão.

O objetivo da Comunicação Não Violenta é criar uma qualidade de conexão que viabilize o atendimento das necessidades de todos. Por esse motivo, quando a adotamos, não estamos simplesmente tentando induzir as pessoas a fazer o que queremos. Quando aqueles com quem convivemos aprendem a confiar em nós e percebem que nosso compromisso é com a qualidade do relacionamento (com a honestidade e com a empatia) e que nosso objetivo é ver atendidas as necessidades de todos, somente então eles passam a acreditar que nossos pedidos são de fato solicitações e não exigências.

Portanto, a professora que queria reposicionar a cadeira do aluno talvez descobrisse (se estivesse disposta a compreender a preferência de seu aluno) que ele tem problemas de visão e por isso queria ficar ali mesmo, perto da lousa. Talvez, ouvindo esse diálogo, outro aluno pudesse ter se oferecido para mover sua mesa e arrumar espaço para a coleção de fósseis. Dessa maneira, as necessidades de todos teriam sido atendidas, e ninguém teria sido criticado ou culpado.

Meus filhos me ensinaram lições importantes a respeito de exigências. Por algum motivo eu pensava que, como pai, minha obrigação era fazer exigências. Meus filhos me mostraram que nem por força de todas as exigências do mundo eu conseguiria que eles fizessem alguma coisa.

Trata-se de uma aula sobre o poder que nos coloca em nosso devido lugar quando acreditamos que, por ser pai, mãe, professor ou diretor, nossa obrigação seja mudar as outras pessoas e obrigá-las a obedecer. Mas vejam só: meus filhos me ensinaram que eu não podia obrigá-los a fazer nada. A única coisa que eu conseguia era fazê-los se arrepender de não terem feito o que eu mandava. E eles me ensinaram que, sempre que eu era idiota o bastante para proceder dessa maneira, eles me faziam desejar nunca ter feito isso.

AS PESSOAS PODEM ACABAR OUVINDO UMA EXIGÊNCIA, NÃO IMPORTA O QUE DISSERMOS

É claro que algumas pessoas ouvirão exigências e críticas muito embora nos esforcemos ao máximo para evitar esse modo de comunicação. É bem provável que nossas palavras sejam interpretadas como exigências quando estamos em posição de autoridade – e as pessoas com quem estamos falando já tenham tido experiências pregressas com figuras que exerceram sua autoridade de modo coercitivo.

Darei um exemplo. A administração de uma faculdade me pediu para mostrar aos professores como aplicar a Comunicação Não Violenta ao falar com alunos que não cooperavam da forma desejada. Combinamos que eu me encontraria com quarenta alunos rotulados pelo corpo docente e administradores como "social e emocionalmente desajustados".

Minha experiência me mostrou que, quando aplicamos tais rótulos às pessoas, passamos a agir em relação a elas de um modo que fomenta o comportamento indesejado. Na sequência, usamos esse comportamento para provar que nosso diagnóstico estava correto. Se você fosse um aluno e soubesse que era considerado "social e emocionalmente desajustado", será que isso não contribuiria para seu desejo de impor resistência a qualquer coisa que lhe fosse solicitada? Portanto, não fiquei surpreso quando entrei na classe e metade dos alunos estavam apoiados nas janelas gritando impropérios aos colegas no pátio lá embaixo.

Comecei com um pedido. "Gostaria que vocês viessem e se sentassem para que eu possa lhes dizer quem sou e qual é a minha proposta." Mais ou menos metade dos alunos se sentou. Não tinha certeza se os outros tinham ouvido, então repeti o pedido. Os demais foram se sentando aos poucos nos seus lugares, salvo dois rapazes, que continuavam na janela. Para meu azar, eram os dois alunos mais musculosos da classe.

Dirigindo-me aos dois, eu disse: "Com licença, será que um dos cavalheiros poderia me dizer o que acabei de solicitar?". Um deles olhou para mim ameaçadoramente e rosnou: "Sim. Você disse que temos que entrar e sentar". E eu pensei comigo mesmo: "Ah ha! Ele ouviu meu pedido como uma exigência".

Eu então disse a ele: "O senhor..." (aprendi a tratar todas as pessoas musculosas por "senhor", em especial as que têm tatuagens nos braços) "estaria disposto a me dizer como eu poderia ter expressado a minha necessidade de modo que não soasse como algo que é obrigado a fazer?". Ele respondeu: "Hã?". Tendo sido condicionado a ouvir exigências das autoridades, obviamente não era fácil para ele escutar meu pedido como uma solicitação e não como exigência.

Então tentei dizer de outra forma e perguntei: "Como posso comunicar ao senhor o que estou querendo de modo que não soe como se eu estivesse mandando?".

Ele pensou um pouco e depois respondeu: "Não sei". Então eu disse: "O que está acontecendo aqui entre o senhor e mim é um bom exemplo daquilo que eu queria conversar com vocês hoje. Acredito que as pessoas possam desfrutar muito mais da companhia umas das outras se conseguirem dizer o que querem sem mandar nos outros. Contudo, não sei o que dizer para o senhor acreditar que, quando solicito algo, não estou dizendo que o senhor é obrigado a fazê-lo e,

Capítulo 2 | Expressando mensagens que tornam a vida mais plena

caso contrário, vou dificultar a sua vida". Para meu alívio, ele pareceu compreender o que eu disse. Ele e seu amigo se juntaram ao grupo e tivemos um dia muito produtivo.

Podemos ajudar os outros a confiar no fato de que nosso pedido é um solicitação e não uma exigência se acrescentarmos algumas palavras indicando que gostaríamos que fizessem o que estamos pedindo apenas se estiverem dispostos a fazê-lo. "Será que você estaria disposto a limpar o quadro-negro?" em vez de "Gostaria que você limpasse o quadro-negro". Contudo, a maneira mais eficaz de comunicar que nossos pedidos não são exigências é criar empatia com as pessoas quando elas não concordam em fazer o que pedimos.

Voltemos ao aluno que não leu os contos de *Sagarana*. Você já disse a ele que se sente perplexo (você também se sente desanimado, mas a palavra "perplexo" é mais neutra e, portanto, menos provável de induzir culpa) e que precisa contribuir com o aprendizado dele, mas não sabe como fazê-lo sem que ele leia o livro. Agora vem o pedido – positivo, concreto, imediato; uma proposta e não uma exigência: "Você estaria disposto a me dizer o que te impede de ler *Sagarana*?".

Com isso cobrimos a primeira metade do modelo da Comunicação Não Violenta, a metade que trata da maneira de se expressar numa linguagem que torna mais plena a vida. A outra metade que veremos a seguir trata de como escutar com ouvidos que tornam mais rica a vida, para que você saiba o que dizer quando seu aluno lhe responder: "*Sagarana* é chato".

COMUNICAÇÃO NÃO VIOLENTA NA EDUCAÇÃO – DIVERTIMENTO PARA TODOS

Uma professora de Comunicação Não Violenta estava ensinando o processo a quinze crianças, entre 5 e 9 anos de idade, parte do programa de aulas extracurriculares da escola. O grupo se reunia na quadra de esportes coberta todos os dias, depois da aula. Nos primeiros vinte minutos eles comiam um lanche, conversavam e brincavam juntos. A professora resolveu apresentar um jogo que, segundo esperava, ofereceria um modo divertido de aprender habilidades de CNV.

Era um jogo cooperativo em que cada pessoa punha um saquinho de arroz sobre a cabeça e, ao som de música, andavam e corriam por toda a quadra, tentando manter o saquinho equilibrado na cabeça. Se o saquinho caísse no chão, aquela pessoa teria de ficar "congelada" e não podia pegar o saquinho do chão, tendo de esperar que alguém passasse e recolocasse o saquinho sobre sua cabeça para poder se mover novamente. Tudo ia bem até que dois meninos começaram a derrubar os saquinhos de cima da cabeça dos outros alunos. Em pouco tempo outros começaram a correr para todos os lados derrubando o saquinho dos colegas.

A professora ficou muito frustrada e temerosa. Ela queria ordem e queria que todos estivessem em segurança. Ela gritou para a turma: "Quero todos sentados no chão em círculo, agora!".

Metade das crianças correu para sentar no círculo pintado na quadra, enquanto os outros continuaram correndo, cada vez mais rápido, e jogando saquinhos uns nos outros.

"Parem agora mesmo!" ela gritou, mais alto do que antes. "Quero que vocês se sentem aqui agora!"

Enquanto os alunos foram chegando no círculo e se sentando, um menino de 7 anos chamado Sean foi até a professora e teve com ela o seguinte diálogo:

Sean: Prof.a Mary, você está brava, não está?

Professora (surpresa e grata por ter sido ouvida): Nossa! Sim, Sean, estou muito frustrada. Fico bem feliz que você tenha reparado. Estou curiosa. Como você soube o que eu estava sentindo?

Sean: Eu vi por causa do jeito que você estava recolhendo os saquinhos do chão.

Professora (rindo): Então você percebeu na hora que eu estava chateada?

Sean: Sim.

Professora: Certamente é bom saber que você reparou. Já me sinto melhor. [Pediu a todos que fizessem silêncio e dirigiu-se à turma.] Minutos atrás, quando gritei para que vocês parassem e sentassem no chão, eu estava muito frustrada. Gostaria que brincássemos e aprendêssemos juntos. Queria que fosse divertido, mas o que estava acontecendo não estava sendo divertido para mim porque fiquei preocupada que alguém se machucasse. Será que um de vocês poderia me dizer o que acabei de falar?

Aluno 1: Você disse que achou que um ia machucar o outro.

Aluno 2: E você disse que estava frustrada.

Professora: Obrigada por terem me escutado. É muito bom quando os outros escutam a gente. Estou grata também porque o Sean veio falar comigo e perguntou se eu estava brava. Eu fiquei bem chateada por alguns minutos. Estou me sentindo melhor agora, mas ainda quero conversar com vocês sobre como podemos nos divertir juntos de um modo que eu não tenha de me preocupar com a segurança. Gostaria de ouvir de vocês o que vocês acharam do jogo.

Aluno 3: Eu achei divertido, eu queria brincar mais.

Aluno 4: É. Ninguém se machucou.

Aluno 5: Doeu quando você acertou a minha cabeça.

Aluno 4: Não fiz nada disso.

Professora: Então, parece que alguns estavam se divertindo e outros não. Estou certa?

As crianças fizeram que sim com a cabeça.

Professora: Gostaria de encontrar um modo de nos divertir em segurança. Alguém tem ideia de como fazer isso? A professora e os alunos passaram o resto do tempo de aula conversando sobre maneiras de todos se divertirem. Como costuma acontecer, este exercício da vida real, de encontrar algo que seja bom para todos, acabou sendo um aprendizado mais valioso do que os jogos que a professora tinha planejado para o dia. Eles terminaram decidindo tentar três versões diferentes do jogo na próxima aula para ver qual delas atenderia melhor às necessidades de todos.

CAPÍTULO 3

OUVINDO COM EMPATIA

EMPATIA

N ESTE capítulo exploraremos maneiras de escutar com empatia as mensagens dos outros, ou seja, escutar com ouvidos que tornam mais plena a vida. Empatia é um tipo especial de compreensão que não pode ser confundida com entendimento intelectual, nem mesmo com piedade. A empatia requer que escutemos com a totalidade do nosso ser. É a escuta à qual se refere o filósofo Chuang Tzu no seguinte excerto:

> A escuta que está só nos ouvidos é uma coisa. A escuta da compreensão é outra. Mas a escuta do espírito não se limita a uma faculdade apenas, à do ouvido ou da mente. Ela requer o vazio de todas as faculdades. E quando as faculdades estão vazias, o ser inteiro escuta. Então acontece a apreensão direta daquilo que está bem ali na nossa frente, e que jamais pode ser escutado com o ouvido nem compreendido com a mente.
>
> (*A via de Chuang Tzu*, THOMAS MERTON.)

Um dos componentes da empatia é estar plenamente presente àquilo que a outra pessoa está sentindo e precisando no momento – sem perder isso de vista em meio à neblina formada por diagnósticos e interpretações. Para conseguir esse objetivo, é preciso que nossa mente não saia divagando pelos caminhos da análise enquanto aparentemente estamos escutando a pessoa à nossa frente. Não desejamos ser como o homem da história em quadrinhos cujo amigo diz: "Tenho a sensação de que você não está escutando quando falo com você". E ele responde: "Tem razão. Prefiro escutar o que vou dizer depois a ouvir o que você está dizendo agora".

O estado especial de presença do qual estou falando também exige de nós tirar da mente todas as ideias preconcebidas e julgamentos que estejamos abrigando sobre a pessoa com quem estamos conversando. Não quero passar a impressão de que estou aconselhando a reprimir ou suprimir sentimentos. É mais uma questão de focar nos sentimentos do outro, de tal modo que os nossos próprios sentimentos não se intrometam.

A seguinte analogia me parece útil para esclarecer a natureza do foco essencial à empatia. Tente se lembrar de uma ocasião em que você sentia uma dor física, talvez uma dor de cabeça ou de dente, mas mergulhou na leitura e se envolveu totalmente com a história do livro. O que aconteceu com a dor? Você não reparou mais nela. Não que a dor tenha sido suprimida, mas o foco de sua atenção recaiu inteiramente na leitura e você se esqueceu da dor. Na empatia, nossa atenção está tão focada nos sentimentos e necessidades da outra pessoa naquele momento, que deixamos de prestar atenção nos nossos próprios pensamentos sobre o outro.

A analogia da dor física também é útil para esclarecer a diferença entre empatia e pena. No momento em que dizemos a alguém "Estou tão triste porque você está sofrendo", não se trata de uma ligação empática com a dor da outra pessoa. Esta afirmação é expressão da dor que eu sinto, estimulada pelo sofrimento do outro. Isso é sentir pena. No momento certo, essa expressão de piedade pode ser uma dádiva para a outra pessoa. Mas, se reagimos com compaixão depois de estabelecer uma conexão empática, nossa conexão com a outra pessoa será ainda mais profunda. Contudo, se reagirmos com pena quando o outro precisa de empatia, a demonstração de compaixão pode motivar o afastamento.

ESPELHANDO VERBALMENTE AQUILO QUE ESCUTAMOS

Ouvir atentamente é parte do processo de empatia. Outra parte é ter certeza de que estamos escutando de maneira correta o que a outra pessoa disse. "Eu sei que você pensa que entendeu o que eu disse, mas talvez não perceba que o que você escutou não é o que eu quis dizer." Uma professora em um dos meus seminários fez esta citação de uma fonte desconhecida. Gostei porque expressa claramente um alerta – podemos estar convencidos de que sabemos exatamente o que a outra pessoa quis dizer, mesmo quando não sabemos. Verbalizar nossa compreensão dos sentimentos e necessidades do outro é um modo de verificar se de fato entendemos ou não.

Pode acontecer de uma criança da pré-escola começar a chorar: "Eu quero ir para casa!", e nós respondermos: "Você está com saudade da sua mãe e gostaria de ficar em casa com ela?". Mas a criança talvez responda: "Não! Eu achei um ninho de passarinho ontem e quero buscar lá em casa para mostrar para todo mundo".

Há dois motivos que nos levam a fazer esse espelhamento verbal do que o outro disse. O primeiro é para ter certeza de que compreendemos com exatidão o que a pessoa sente ou precisa. Quando espelhamos verbalmente, os outros podem nos corrigir se nosso entendimento não corresponder ao que estão tentando expressar.

Um segundo motivo para fazer o espelhamento verbal seria a sensação de que o outro gostaria de ter uma confirmação de que compreendemos. Ao expressar empatia verbalmente dessa maneira, é como se estivéssemos procurando adivinhar o que a outra pessoa está sentindo e precisando – e não dizendo a ela o que ela sente e precisa. Se estivermos enganados, a outra pessoa pode nos corrigir. Procuraremos não passar a ideia de que sabemos mais do que ela própria o que está se passando em seu íntimo.

Isso vale inclusive para alguém a quem queremos oferecer empatia mas que não fala nada. Portanto, poderíamos perguntar a uma criança que está sozinha num canto do pátio: "Você está se sentindo sozinha porque gostaria de ter amigos com quem brincar e os outros não estão brincando com você?" – mas jamais diríamos: "Vejo que você está se sentindo sozinha porque gostaria de ter amigos com quem brincar".

Por vezes a empatia pode ser comunicada de modo não verbal e é desnecessário colocar em palavras a nossa percepção. Quando estamos plenamente presentes ao que está vivo dentro do outro, nossa expressão muda, e é diferente de quando estamos mentalmente analisando o outro ou pensando no que diremos a seguir. Em qualquer de suas formas, a empatia toca uma necessidade muito profunda dos seres humanos: sentir que alguém realmente nos ouve sem fazer julgamentos. Depois de ter feito uma conexão empática com os sentimentos e necessidades que as pessoas expressam na fala, procuramos descobrir o que aquela pessoa desejaria da nossa parte. Às vezes o outro pode estar pronto a fazer uma solicitação. Contudo, o primeiro sentimento e necessidade que manifestou pode estar ligado a outros sentimentos e necessidades, e talvez aquela pessoa precise de mais empatia antes de solicitar algo. (A criança solitária no pátio pode estar assustada ou com raiva, por exemplo, por causa de algum desentendimento com os colegas durante a aula.)

Há dois sinais que mostram que a pessoa pode estar pronta a fazer um pedido depois de ter recebido a empatia necessária. O primeiro indicador de que a pessoa recebeu toda empatia de que precisava é mostrar-se aliviada – e em geral é possível perceber esse relaxamento de alívio. O outro sinal, mais óbvio, é que ela para de falar. Mas antes de seguir para os pedidos, nunca é demais perguntar: "Tem mais alguma coisa que você queira dizer?".

ESCUTANDO PEDIDOS

Que pedidos as pessoas fazem depois de terem sentido a nossa empatia? Pode ser que estejam ávidas para saber o que pensamos sobre aquilo que acabaram de dizer. Pode ser que estejam curiosas para saber se estaríamos dispostos a tomar certas medidas para atender à necessidade que manifestaram. Uma maneira de obter essa informação é tentar intuir o que estão solicitando e verificar se nosso palpite corresponde ao que de fato desejam. Portanto, poderíamos dizer à criança solitária: "Você gostaria que eu ajudasse você a encontrar alguém com quem brincar?".

Se não conseguirmos perceber quais são os sentimentos, necessidades ou pedidos do outro, é claro que sempre podemos pedir a ele ou ela que fale. Por exemplo, poderíamos perguntar à criança solitária: "Tem alguma coisa errada? Você quer conversar comigo sobre algo?". No entanto, muitas vezes as pessoas não dominam o vocabulário que lhes permita expressar adequadamente seus sentimentos, necessidades e pedidos. Por isso, descobri que é mais útil, sempre que possível, tentar adivinhar os sentimentos e necessidades que estão sendo manifestados e verificar em seguida se a percepção está correta.

CONECTANDO-SE COM EMPATIA

Para ajudar os professores a desenvolver a habilidade de formar uma conexão empática com os alunos, muitas vezes faço o papel de um estudante que não terminou a lição e que diz quando questionado: "Detesto essa lição. É chata. Quero fazer alguma outra coisa". Nessa altura, o professor às vezes argumenta: "É bobagem oferecer empatia nesse caso. O que o aluno está sentindo e precisando está óbvio". Nesse caso, peço ao professor para conferir comigo (no papel de aluno) oferecendo empatia em relação ao que eu disse. O professor tenta: "Então você está me dizendo que não quer fazer nada que dê um pouco de trabalho". Eu interrompo observando que esta é uma interpretação intelectual do que o aluno sente e precisa, e não uma tentativa de se conectar com os sentimentos e necessidades dele.

Tentamos novamente. No papel de aluno, repito a minha afirmação: "Detesto fazer essa lição. É chata e eu quero fazer outra coisa".

O professor talvez responda: "Então você está me dizendo que quer que eu deixe você fazer o que bem entende hoje?". Eu então observo que o professor está misturando um suposto pedido do aluno com suas necessidades. Lembro ao professor que uma necessidade nunca contém referência a pessoas específicas que devem realizar tarefas específicas.

Não raro, leva quatro ou cinco tentativas da parte do professor para espelhar com precisão os sentimentos e necessidades do aluno.

Abaixo enumero algumas das respostas dos professores à minha fala: "Detesto fazer essa lição. É chata e eu quero fazer outra coisa".

Justificativa e explicação: "Mas essa lição é muito importante se você quiser entrar na faculdade."

Investigação (perguntas que têm por objetivo obter informações em vez de conhecer os sentimentos e necessidades do outro): "Por que ela é chata?"

Suposta compreensão, mas sem verificação: "Eu compreendo", ou "Eu também costumava sentir isso."

Desculpas e piedade: "Sinto muito que você se sinta assim", ou "Estou triste porque você se sente assim."

Julgamento: "Que bobagem. *Sagarana* é um clássico."

Concordância: "Concordo com você. Também nunca gostei desse livro."

Discordância: "Eu discordo. *Sagarana* é meu livro predileto."
Interpretando: "Você só está tentando se livrar do trabalho."
Aconselhamento: "Por que você não espera alguns minutos e vê se se sente melhor a respeito?"
Levar para o lado pessoal: "Devo ser uma péssima professora se não consigo despertar seu interesse em *Sagarana*."
Pular direto para a solução do problema: "O que podemos fazer para deixar isso mais interessante?"

Por fim, o professor dirá: "Quer dizer que você fica entediado quando lê *Sagarana* e se cansa de continuar tentando entender?".
– Isso mesmo. Ainda por cima não está escrito em bom português.
– Você fica muito aborrecido e cansado nas partes com dialeto regional?
– Isso mesmo. Não consigo entender.
– Então você está frustrado e precisa de ajuda?

Uma questão que os professores sempre levantam em relação à empatia é esta: "Será que o aluno não vai pensar que você está concordando com seus pensamentos e sentimentos se você espelhar o que ele diz dessa maneira?". Nesses casos, tento mostrar que há uma diferença entre compreensão empática e concordância. É possível mostrar que compreendo os sentimentos de um aluno sem com isso sugerir que concordo, tolero ou mesmo gosto de seus sentimentos e necessidades.

Outra preocupação dos professores é que oferecer empatia envolve o compromisso de entrar em conversas longas e arrastadas que não são práticas, dado o horário escolar apertado. Os professores muitas vezes me perguntam: "O que os

Capítulo 3 | Ouvindo com empatia

outros alunos estão fazendo enquanto eu fico esse tempo todo oferecendo empatia a um deles?".

Acredito que empatia seja um processo que poupa tempo ao invés de consumi-lo. Há estudos sobre o gerenciamento de negociações trabalhistas que mostram que o tempo necessário para resolver conflitos é consideravelmente reduzido se uma regra simples for adotada: cada participante deve parafrasear o que o orador anterior disse, antes de rebater. O mesmo acontece numa classe. Quando o aluno percebe que a professora quer compreender em vez de obrigar, é mais provável que aflore uma atitude cooperativa, cooperação que, ao invés de prolongar, acaba acelerando a solução dos problemas. Portanto, quando os professores me dizem: "Mas numa classe você precisa dizer aos alunos o que eles devem fazer, não dá para ficar o tempo todo mostrando a eles que você entende", eu lembro a eles que boa parte do dia é gasto dizendo aos alunos o que fazer muitas e muitas vezes. Quando um professor já disse ao aluno para fazer algo várias vezes e ele continua não fazendo, o tempo gasto em geral é maior do que quando o professor dedica um tempo inicial para compreender de fato os sentimentos e necessidades do aluno.

Com frequência vi professores confundindo o processo da empatia com a mera repetição ou espelhamento das palavras do aluno. Para mim, a empatia é como traduzir uma língua estrangeira para nossa língua materna. O objetivo da tradução é captar o exato sentido da mensagem original e depois apresentá-la em termos que nos são mais familiares. Da mesma maneira, ao oferecer empatia, o objetivo é traduzir a mensagem verbalizada pelo outro em termos de seus sentimentos e necessidades.

Pode ser que muitas ou algumas palavras que utilizarmos sejam idênticas às que o outro usou, se ele estiver expressando sentimentos e necessidades. Mas, evidentemente, a intenção de quem escuta é mais importante do que as palavras que usa. A intenção é se conectar com a outra pessoa de modo empático. Muitas vezes nosso olhar, ou um leve toque, já comunica esse tipo de conexão sem que seja preciso falar nada. Uma amiga minha, que é diretora de uma escola que estávamos transformando para aplicar os princípios da Comunicação Não Violenta, me contou a seguinte história:

> Voltei do almoço um dia e encontrei a Milena (aluna do ensino fundamental) sentada, triste, numa cadeira do lado de fora da minha sala, me esperando. Sentei na cadeira ao lado e ela começou a falar. "Sra. Anderson, alguma vez a senhora já passou uma semana em que tudo o que faz magoa alguém, mas sem nunca ter tido a intenção de magoar nenhuma daquelas pessoas?"
>
> "Sim", respondi. "Acho que compreendo."
>
> Milena continuou falando e contando um pouco do que tinha acontecido durante a semana com sua irmã e na classe com os colegas e a professora. Eu estava atrasada para uma reunião importante, ainda de casaco e bolsa, e ansiosa porque havia uma sala cheia de pessoas me esperando. Então perguntei a ela: "Milena, o que posso fazer por você?".
>
> A menina virou de lado na cadeira e pôs as duas mãos sobre os meus dois ombros, olhou-me nos olhos e disse com firmeza: "Sra. Anderson, não quero que a senhora faça nada. Só quero que escute".

CAPÍTULO 3 | Ouvindo com empatia

Esta foi uma das experiências de aprendizado mais significativas da minha vida, lição que me foi dada por uma criança. Naquele instante eu decidi: "Que os adultos esperem". Milena e eu fomos até um banco onde podíamos ter mais privacidade. Sentamo-nos, eu com o braço em volta dos ombros dela, ela com o braço em volta da minha cintura, e ela falou até ter terminar.

FAZENDO A CONEXÃO EMPÁTICA QUANDO OS OUTROS NÃO SABEM OU NÃO QUEREM SE EXPRESSAR

Infelizmente, é difícil encontrar alunos dispostos a partilhar seus sentimentos e necessidades da mesma maneira que Milena. A maioria aprendeu a linguagem dos sistemas de dominação e, portanto, adquiriu o hábito de disfarçar suas mensagens de várias maneiras. Por isso gosto que os professores façam contato com os sentimentos e necessidades dos alunos mesmo quando estes não sabem como expressá-los de modo claro.

Para aprender a ter empatia quando os outros não expressam sentimentos e necessidades diretamente, é bom sempre lembrar que as coisas que interpreto como ataques, críticas ou insultos poderiam ser mais bem compreendidas como necessidades desatendidas da parte do outro, necessidades que acabam se manifestando como sofrimento em virtude dessas carências. Ou, como disse Hugh Prather: "Se alguém me critica, isso não me torna uma pessoa pior. Não diz respeito a mim. É um pensamento crítico que surgiu na outra pessoa. Essa outra pessoa está expressando seus pensamentos e sentimentos, e isso não é o meu ser". [*Notes to Myself*, Hugh Prather, 1970.]

Para estabelecer uma conexão empática quando o aluno não se manifesta, o professor precisa aprender a descobrir os sentimentos e suas raízes dentro das mensagens que se apresentam como exigências, julgamentos, questionamentos, gestos, feições e pedidos.

A seguir temos alguns exemplos de um professor oferecendo empatia diante de um sentimento ou necessidade que não foi externado:

Situação nº 1 – A professora expressa frustração diante de certo comportamento do aluno.
Mensagem do aluno: Você é má!
Empatia da professora: Você está magoado e gostaria de ser mais respeitado porque acha que não fui respeitosa ao falar com você?

Situação nº 2 – A aluna entra na sala pela manhã, não fala com ninguém e se senta sozinha.
Mensagem da aluna: Ela não fala e seu rosto passa uma expressão de sofrimento.
Empatia do professor: Você está aborrecida e gostaria que alguém entendesse o que está sentindo?

Situação nº 3 – Um grupo de alunos diz a certo colega para sair do grupo.
Mensagem do aluno: Ninguém gosta de mim!
Empatia do professor: Você está triste e gostaria que os outros aceitassem você?

Capítulo 3 | Ouvindo com empatia

Situação nº 4 – Os pais marcam uma reunião com o professor para falar sobre problemas que sua filha vem tendo com ele.

Mensagem dos pais: Minha filha sempre se deu bem com todos os professores anteriores.

Empatia do professor: Vocês estão aborrecidos e precisam saber se sua filha vem recebendo a atenção que merece?

Trabalhei com um grupo do sétimo ano numa escola em Washington e queria ensiná-los a se conectar com os sentimentos e necessidades por trás de qualquer mensagem. Pedi a eles que fizessem uma lista de coisas que seus pais, professores e colegas diziam rotineiramente e que interpretavam como crítica. Usei a lista para demonstrar como poderiam aprender a intuir os sentimentos e necessidades por trás dessas afirmações. Disse a eles que cada mensagem que soa como crítica na verdade é uma canção, que cantei para eles. A música se chamava "See me beautiful" [Veja a beleza que existe em mim], escrita por Kathy e Red Grammer.

> Veja a beleza que existe em mim
> Procure o melhor que há em mim
> É isso o que realmente sou
> E é tudo o que eu quero ser
> Pode ser que leve algum tempo
> Pode ser difícil de encontrar
> Mas veja a beleza que existe em mim
> Veja a beleza que existe em mim
> Todos os dias e a cada dia

Será que você pode se arriscar
Será que pode encontrar uma maneira
De ver uma luz radiante em tudo o que faço?
De ver a beleza que existe em mim?

Depois de um mês voltei à cidade e estava conversando com uma professora da mesma escola, que me disse, sorrindo: "Você tem ideia dos monstros que criou? Toda vez que começamos a gritar com as crianças, agora elas se abraçam e começam a cantar 'Veja a beleza que existe em mim'!".

EXERCÍCIO 5 – FAZENDO A DISTINÇÃO ENTRE OUVIR COM EMPATIA E SEM EMPATIA

Se você deseja um exercício para descobrir se estamos de acordo sobre empatia, por favor circule o número em frente à oração na qual a pessoa B está respondendo com empatia ao que está acontecendo com a pessoa A.

1. Pessoa A (aluno): Ninguém gosta de mim.

   Pessoa B (professor): Gostam sim. Só que não o conhecem bem porque você é tímido.

2. Pessoa A (aluno): Não consigo fazer esses problemas de matemática. Eu sou burro.

   Pessoa B (professor): Você está frustrado e gostaria de entender melhor a matemática?

3. Pessoa A (pai): Minha filha não fala comigo sobre nada da vida dela.

   Pessoa B (professor): Já tentou escutá-la mais?

4. Pessoa A (diretora de escola): Você precisa melhorar as notas de seus alunos.

   Pessoa B (professora): Você está preocupada e quer nos proteger das consequências desagradáveis para nossa escola se não melhorarmos nosso desempenho?

5. Pessoa A (aluno): A Patrícia é a queridinha da professora.

   Pessoa B (professora): Você está chateado porque muitas vezes peço a ela que me ajude?

6. Pessoa A (aluno): Detesto a escola.

   Pessoa B (professor): Sei exatamente como você se sente. Também detestava a escola quando tinha a sua idade.

7. Pessoa A (aluno): Não é justo que a outra classe tenha um recreio maior que o nosso.

Pessoa B (professora): É porque eles são mais novos.

8. Pessoa A (mãe): Você dá lição de casa demais para seus alunos. Minha filha chora todas as noites tentando terminar a tarefa.

Pessoa B (professora): Você está preocupada com a saúde e bem-estar da sua filha?

9. Pessoa A (aluno): Não quero falar sobre isso.

Pessoa B (professor): Não sei como vamos resolver esse assunto se você não quer falar a respeito.

10. Pessoa A (aluno): Não quero que toque o sinal. Não vou conseguir terminar a minha redação.

Pessoa B (professora): Você está frustrado porque realmente queria terminar a redação, agora que falta tão pouco?

CAPÍTULO 3 | Ouvindo com empatia

Aqui estão as minhas respostas do exercício 5:

1. Não circulei este número porque na minha visão a Pessoa B está consolando e depois analisando, em vez de oferecer empatia à Pessoa A.

   A Pessoa B poderia ter dito: "Você está triste porque gostaria de ter amigos?".

2. Se você circulou este número, estamos de acordo. Na minha visão, a Pessoa B recebeu com empatia a mensagem expressa pela Pessoa A.

3. Não circulei esta frase porque a meu ver a Pessoa B está dando conselhos e não recebendo com empatia o que a Pessoa A falou.

   A Pessoa B poderia ter dito: "Você está triste porque gostaria de ter uma ligação mais forte com sua filha?".

4. Se você circulou o número 4, estamos de acordo. Entendo que a Pessoa B recebeu com empatia o que a Pessoa A falou.

5. Na minha visão a Pessoa B está assumindo a responsabilidade pelos sentimentos da Pessoa A, em vez de receber com empatia o que a Pessoa A está sentindo.

   A Pessoa B poderia ter dito: "Você está chateada porque gostaria de ter mais oportunidades para ajudar?".

6. Na minha visão a Pessoa B está presumindo que compreendeu a Pessoa A e depois falando sobre seus próprios sentimentos em vez de receber com empatia o que a Pessoa B sente.

   A Pessoa B poderia ter dito: "Você está frustrado e gostaria de mais ajuda para entender esse problema?".

7. Na minha visão a Pessoa B está explicando em vez de receber com empatia os sentimentos da Pessoa A.

A Pessoa B poderia ter dito: "Você está chateado porque gostaria que todos fossem tratados igualmente aqui na escola?".

8. Se você circulou esta frase, estamos de acordo. Na minha visão, a Pessoa B recebeu com empatia o que a Pessoa A está sentindo.

9. A meu ver, a Pessoa B está dando sua opinião em vez de receber com empatia o que a Pessoa A disse.

    A Pessoa B poderia ter dito: "Você está magoado e quer um tempo sozinho para pensar e entender o que está sentindo?".

10. Se você circulou esta alternativa, estamos de acordo. A Pessoa B recebeu com empatia os sentimentos da Pessoa A.

CAPÍTULO 4

CRIANDO RELACIONAMENTOS DE PARCERIA ENTRE PROFESSORES E ALUNOS

PARCERIA PARA ESTABELECER OBJETIVOS E AVALIAÇÕES

NA maior parte das escolas, aquelas que reproduzem o sistema de dominação, o papel do professor é controlar as ações dos alunos. Presume-se que o professor saiba o que os estudantes precisam aprender e como devem se comportar. Com base nesse conhecimento, os educadores têm permissão para usar as táticas de "poder sobre" seus alunos (recompensas, punições, culpa, vergonha, dever e obrigações) a fim de controlar suas ações. Ainda com base nesse pressuposto, as autoridades escolares estabelecem objetivos educacionais de modo unilateral. Isso faz com que a maioria veja apenas duas alternativas: submissão ou rebeldia. Por outro lado, os professores que não estão totalmente à vontade com este papel de "poder sobre" sentem-se impotentes para mudar a situação.

Contudo, se de fato queremos preparar os alunos para criar e conduzir de modo sustentável organizações que tornem mais plena a vida, sugiro oferecermos a oportunidade de os estudantes se relacionarem como parceiros com seus colegas, professores e administradores escolares. Um aspecto desse tipo de parceria é estabelecer objetivos de ensino de modo cooperativo.

OBJETIVOS COM VISTAS A UMA VIDA MAIS PLENA

Para que os objetivos sejam estabelecidos em conjunto, é necessário que os educadores comuniquem claramente como a vida dos alunos será enriquecida pelos objetivos que escolherem. Isto é vital, pois a educação para uma vida mais plena só acontece quando as ações de professores e alunos são motivadas pela intenção de tornar a vida melhor para todos, e não pelo medo de punição ou pela esperança de recompensas extrínsecas (uma nota alta ou bolsa para a faculdade, por exemplo), e certamente não por causa de alguma tradição segundo a qual as pessoas em postos de autoridade sabem o que é melhor para os demais.

Isso quer dizer que estou defendendo uma escola onde os alunos estudam o que e quando desejarem? Uma política de total permissividade? Claro que não. Assim como não defendo a continuação do sistema de dominação.

Talvez não haja modo mais claro de diferenciar entre dominação, permissividade e educação para uma vida mais plena do que pelo exame da maneira como são escolhidos os objetivos de ensino:

- No sistema de dominação os objetivos do professor são perseguidos sem que a adesão dos alunos seja necessária.
- Na educação permissiva os objetivos do aluno são perseguidos sem a participação do professor como elemento necessário.

CAPÍTULO 4 | Criando relacionamentos de parceria entre professores e alunos

- Na educação para uma vida mais plena só são perseguidos os objetivos que tanto professores como alunos desejam.

Esse processo de estabelecer conjuntamente os objetivos de aprendizado pode começar quando o professor recomenda uma área de estudo e explica as necessidades que serão atendidas pelo conhecimento adquirido através desse esforço, segundo a visão do professor. A mutualidade acontece quando o aluno percebe o valor da área de estudos proposta e concorda em aderir. A mutualidade também se dá quando o aluno sugere uma área de estudos e o professor se dispõe a oferecer o seu apoio.

As habilidades de diálogo descritas nos capítulos 2 e 3 são essenciais para que os professores cheguem a objetivos de ensino em cooperação com seus alunos. A fim de fortalecer a adesão dos alunos a tais objetivos, os professores precisam sinceramente acreditar na natureza enriquecedora dos objetivos propostos, mas também devem conseguir comunicar tais objetivos de modo a evidenciar seu potencial de tornar mais plena a vida dos alunos.

Se e quando os alunos não estiverem dispostos a perseguir tais metas, os professores precisarão das mesmas habilidades de comunicação para compreender as razões da relutância dos alunos e descobrir se há um modo de tornar os objetivos mais interessantes. Através dessa compreensão, o educador pode chegar à percepção de que outros objetivos seriam melhores para os alunos, melhores do que aqueles originalmente propostos.

Relembrando minha vida acadêmica e os objetivos que os educadores estabeleceram para mim ao longo dos anos, eu diria que os pedagogos não acertaram muito. Não sinto que minha vida tenha sido especialmente enriquecida pela maioria das matérias que cursei. Hoje, percebo que há muitas áreas do conhecimento que eu preferiria ter estudado e que, acredito, teriam sido mais úteis do que aquelas que foram colocadas no meu currículo escolar.

É claro que a tarefa de estabelecer objetivos de modo cooperativo é mais fácil quando as escolas estão estruturadas para apoiar tal tarefa. Se os administradores definem um currículo fixo, existem duas alternativas para professores e alunos. De comum acordo eles podem ignorar o currículo regulamentar, cientes das consequências negativas que isso poderá acarretar (por exemplo, tirar notas baixas nos exames nacionais). Ou podem acordar mutuamente que estudarão o currículo regulamentar para evitar as consequências negativas. Talvez consigam inventar um meio criativo de ensinar e aprender as matérias curriculares.

OS ALUNOS SEMPRE TÊM ESCOLHA

Envolver os alunos como parceiros no estabelecimento de objetivos não é algo tão radicalmente novo quanto possa parecer. Reconhecendo ou não o direito dos alunos de participar na escolha de objetivos, eles sempre têm poder de escolha. Segundo a minha experiência, maior quantidade de alunos aderirá ao currículo oferecido se os professores e administradores apresentarem esses objetivos como opções recomendadas (no caso, é claro, de serem assuntos com potencial de tornar mais plena a vida), e não como algo que terá de ser aceito.

Capítulo 4 | Criando relacionamentos de parceria entre professores e alunos

Em outras palavras, a diferença entre um programa educacional que torna mais plena a vida e um programa educacional de dominação não é a escolha de objetivos presente no primeiro e a ausência de escolha no segundo. A diferença é que o direito de escolha é reconhecido e respeitado nos programas de educação para uma vida plena, porém ocultado, escamoteado, nos programas do sistema de dominação.

Certa vez interagi com o diretor de uma escola numa grande cidade dos Estados Unidos. Ele ficou muito aborrecido quando apresentei a ideia de os alunos serem parceiros no processo decisório quanto a seu currículo. Protestou e disse que havia certas escolhas que os alunos simplesmente não podiam fazer. Eu pedi um exemplo.

Ele disse: "Por exemplo, neste estado a lei determina que os alunos têm de frequentar a escola até os 16 anos de idade. Portanto, não têm escolha. São obrigados a frequentar a escola".

Achei isso engraçado. Por que a escola solicitou a minha consultoria? A Secretaria de Educação me contratara para trabalhar com as escolas daquela cidade que tinham uma taxa de absenteísmo diário de 30% ou mais. A expectativa deles era que eu poderia oferecer às equipes dessas escolas ideias de como tornar o aprendizado mais interessante para os alunos. Embora o diretor alegasse que os alunos não tinham escolha a não ser frequentar a escola, ao menos 30% deles entendiam que, na verdade, eram livres para escolher.

Mais tarde, naquele dia, durante um intervalo, um dos professores me disse: "Se você quer ver algo engraçado, tem de estar aqui na escola quando o diretor declara no microfone que os alunos têm de vir à aula todos os dias. Os 30% que deveriam ouvir a mensagem nunca estão presentes".

OS MEDOS DOS PROFESSORES QUANDO OS ALUNOS ESTÃO ENVOLVIDOS NA ESCOLHA DE OBJETIVOS

Alguns professores e administradores de programas do sistema de dominação ficam chocados quando sugiro que os alunos sejam incluídos como parceiros em pé de igualdade no tocante à escolha de objetivos educacionais. Os educadores têm duas preocupações em especial. A primeira é o medo de que a ignorância dos alunos interfira, visto que não saberiam o que é melhor para a vida deles.

Por exemplo, professores de primeiro ano me disseram que: "Não sei como se pode estabelecer objetivos em conjunto com crianças de primeiro ano . Elas nem conhecem as possibilidades de poder fazer uma escolha bem informada". E professores de ensino médio me disseram que: "Não vejo como estabelecer objetivos em comum para matérias técnicas com alunos que não sabem nada sobre o assunto". Penso que a ignorância do aluno não seja justa causa para a escolha unilateral do currículo. Se um professor realmente acredita que determinada matéria é importante, acho necessário que ele demonstre aos alunos seu valor, ao ponto de os alunos aderirem por vontade própria ao estudo.

A segunda preocupação dos professores no tocante ao estabelecimento comum de metas é a possibilidade de os alunos rejeitarem valores que o professor considera vitais. É diferente da primeira situação, pois aqui não se trata de alegar a ignorância do aluno; o educando simplesmente não concorda que aquele objetivo educacional é relevante. Nessa situação, muitos professores colocam sua fé na "teoria do espinafre". Poderíamos resumir tal abordagem da seguinte maneira: "Embora eles não queiram comer espinafre agora, se eu os forçar a engolir, acabarão reconhecendo que foi bom eu tê-los obrigado a comer".

Fico preocupado com esse tipo de mentalidade por duas razões: em primeiro lugar, tenho minhas dúvidas sobre quantas pessoas acabarão gostando de "espinafre" se forem apresentadas a ele dessa maneira. Para cada caso que os professores contam sobre alunos que acabaram gostando de "espinafre", ouço dez alunos contando quanto odeiam seus professores por terem sido obrigados a "comê-lo".

Em segundo lugar, mesmo que a maioria das crianças acabassem gostando do "espinafre" apresentado dessa maneira, ainda assim me preocuparia, pois esses alunos, ao observarem o comportamento do professor, estão aprendendo que, se acreditamos ter razão sobre algo, é legítimo impingir isso aos outros "para seu próprio bem". Tenho visto muitos estragos advindos dessa mentalidade e, portanto, não gostaria que se perpetuasse nas instituições de ensino.

Se um professor não consegue chegar a um entendimento com um aluno no tocante à importância de determinados objetivos, espero que o professor esteja aberto a uma das seguintes possibilidades:
1. Os objetivos não são de valor para o aluno e, portanto, não deveriam ser apresentados como essenciais ou obrigatórios para aquele aluno.
2. Os objetivos são valiosos, mas o professor ainda não conseguiu comunicar seu valor ao aluno. Neste caso, o professor deveria reconhecer que é preciso dialogar mais.
3. O professor comunica que considera os objetivos importantes e que igualmente importante é o desejo do aluno de alcançá-los, mas também informa que o aluno não será punido se os objetivos não forem alcançados.

EXEMPLOS DE ESCOLHA PARTILHADA DE OBJETIVOS

Numa classe de primeiro ano em Montana, a professora começa o semestre explicando aos alunos que gostaria de ensinar a eles tudo o que quiserem aprender sobre leitura, matemática, ciência e literatura. Ela então demonstra a gama de coisas que eles poderiam aprender até o fim do semestre. Por exemplo, ela lhes mostra um livro que poderiam ler e problemas de matemática que conseguiriam resolver e, desse modo, tenta explicar o que poderiam atingir em cada uma das matérias.

A seguir, a professora sugere que os alunos decidam e digam a ela o que querem aprender. Ela concede aos alunos um tempo para examinarem os materiais que deixou expostos em várias partes da sala. Assim que cada criança informa o que gostaria de aprender, a professora define subtemas com aquele aluno.

Por exemplo, se gostariam de aprender a ler o livro que ela mostrou, a professora poderia perguntar se conhecem as consoantes (explicando, é claro, o que são consoantes). Se eles não conhecem os sons das consoantes, talvez decidam junto com a professora que a primeira meta seria aprender seis consoantes.

Um segundo exemplo de chegar a objetivos de ensino em conjunto envolve um curso de ciência política na universidade de Missouri. O professor muitas vezes tem mais de trezentos alunos na sala, portanto, estabelecer objetivos de aprendizado individuais pode ser muito trabalhoso. No primeiro dia de aula o professor distribui uma folha que contém uma lista com doze objetivos distintos. Ele pede aos alunos que escolham um dos objetivos que lhes pareça mais interessante. Cada aluno anota sua escolha numa folha de papel, assina e a entrega ao professor. Esse papel serve como contrato entre o professor e o aluno e representa seu acordo consensual sobre os objetivos a perseguir. Se o aluno não estiver interessado em nenhum dos assuntos sugeridos, o professor pede que compareça a uma entrevista pessoal para considerar outras possibilidades de seu interesse.

ESCUTANDO A NECESSIDADE POR TRÁS DO "NÃO"

Para chegar a objetivos em comum, muitasvezes é necessário que o professor descubra qual é a necessidade subjacente quando o aluno diz "não" ou "não quero o que você está propondo". Se os professores se capacitaram e adquiriram as habilidades próprias da Comunicação Não Violenta, saberão perceber quais são as necessidades por trás dessas negativas. Boa parte das vezes essas declarações expressam: "Tenho medo de fracassar e quero me proteger da dor que vivenciei quando, no passado, não consegui aprender", ou "Estou sofrendo com problemas pessoais e preciso de compreensão. Até que essa necessidade seja satisfeita, não me sobra energia para aprender".

Depois de descobrir a necessidade por trás do "não", o professor conseguirá atender a essa necessidade de tal modo que o aluno voluntariamente passe a realizar as atividades sugeridas por ele.

No entanto, é claro que o educador precisa estar sempre aberto à possibilidade de o "não" significar que as necessidades do aluno não serão atendidas pela sugestão do professor, e que talvez seja benéfico para os dois encontrar alternativas àquela sugestão.

Uma professora me deu um exemplo da aplicação dessas habilidades de comunicação na resolução de um conflito com um aluno da sexto ano. A situação aconteceu no segundo dia de aula. A professora apresentara vários objetivos de matemática. Cada aluno selecionou um assunto com o qual trabalhar, exceto um menino que continuou de cara fechada, olhando pela janela. A professora se lembra de travar com ele o seguinte diálogo:

Professora: Você parece entediado e desinteressado pelos tópicos de matemática que sugeri. Será que você gostaria de trabalhar com um tema diferente?

Aluno (com raiva): Matemática é uma idiotice!

Professora: Parece que você detesta matemática e quer fazer algo que seja mais útil para você.

Aluno: Isso mesmo.

Professora: Estou decepcionada comigo mesma. Queria tornar a matemática interessante, mas vejo que, para você, não parece nada interessante.

Aluno: Matemática não serve para nada. Não sei por que temos de estudar isso.

Professora: Você quer entender a utilidade de uma matéria antes de estudar? Você não vê motivo para estudar matemática?

Aluno: É.

Professora: Estou confusa agora. Não sei se você não entende a utilidade da matemática ou se simplesmente não gosta de matemática. Qual deles?

Aluno: É difícil demais.

Professora: Então você está dizendo que fica frustrado e precisa de mais ajuda para entender como fazer os problemas?

Aluno: Sim, e é muito chato.

Professora: Você acha chato e quer encontrar uma maneira de tornar a matéria mais interessante?
Aluno: Sim.
Professora: Tenho certeza de que eu poderia tornar o estudo mais divertido e mais fácil. Eu gostaria de tentar.
Aluno: Como?
Professora: Vou precisar da sua ajuda. Preciso que você me diga sempre que a lição ficar muito chata ou difícil. Então experimentaremos juntos para encontrar maneiras de tornar a matéria mais fácil e compreensível.
Professora (tentando reagir à linguagem não verbal da criança): Você parece que ainda está em dúvida...
Aluno: E se você estiver ocupada?
Professora: Você quer saber o que fazer nessa situação?
Aluno: Sim.
Professora: Nesse caso você vai fazendo as outras atividades que consegue, até eu me liberar. Não quero que você faça as lições de matemática que forem difíceis demais.

Com a garantia de que a professora faria todo o possível para ajustar as atividades ao nível de competência do aluno, e para tornar as lições interessantes, o aluno concordou em se aplicar ao trabalho para chegar aos objetivos pedagógicos estabelecidos para a matéria.

Com esse exemplo não quero passar a impressão de que as resoluções em conjunto sempre terminam com os alunos fazendo o que a professora quer. Assim como em todas as interações que enriquecem a vida, as resoluções são conjuntas justamente porque a professora tem consciência de que o objetivo não é conseguir que o aluno faça o que ela quer, mas criar uma qualidade de conexão que permita a ambos atender a suas necessidades individuais.

Nas situações em que professor e aluno concordam em seguir na direção das necessidades do aluno ao invés das do professor (numa situação de conflito), muitas vezes vi que os professores interpretam isso como o professor tendo "cedido" e o aluno tendo "vencido". Essa interpretação é muito aflitiva para pessoas que acreditam que seja seu "dever" como professor providenciar para que os alunos façam o que é "melhor para eles" (leia-se: o aluno fazer o que o professor quer). No entanto, a meu ver, os professores "perdem" apenas quando cedem a contragosto, situação muito diferente de voluntariamente mudar de posição depois de compreender os sentimentos e necessidades do aluno.

EXERCÍCIO 6 – ESCUTAR A NECESSIDADE POR TRÁS DO "NÃO"

Para criar objetivos em comum e uma atmosfera de respeito mútuo, em vez de impor nossos desejos aos outros, é útil praticarmos a escuta das necessidades da outra pessoa, pois quando ela diz "não" para nós, na verdade está dizendo "sim" para algo que de fato a atenderá. Por favor, circule o número em frente à oração onde a Pessoa B consegue escutar as necessidades da Pessoa A quando esta diz "não".

1. Pessoa A (aluno): Não! Não vou passar meu tempo livre ajudando ela a fazer a lição.

    Pessoa B (professor): Todos devem ajudar seus colegas.

2. Pessoa A (aluno): Eu não tenho obrigação de cantar o hino nacional.

    Pessoa B (professor): Se não ficar, vai ter de se explicar na diretoria.

3. Pessoa A (pai): Não vou obrigar minha filha a fazer algo em que não acredita.

    Pessoa B (professor): Parece que você apoia sua filha por ser honesta e coerente com seus valores.

4. Pessoa A (diretor): Não, você não pode eliminar as notas na sua classe.

    Pessoa B (professor): Não posso continuar participando de um sistema que classifica as crianças e contribui para a competição desenfreada e o estresse.

5. Pessoa A (aluno): Não quero fazer o trabalho em grupo.

    Pessoa B (professor): Só estou te pedindo para experimentar.

6. Pessoa A (aluno): Essa redação é muito idiota. Não vou fazer.

   Pessoa B (professor): Você quer produzir um texto que faça sentido para você?

7. Pessoa A (aluno): Não vou me desculpar porque não me arrependo do que fiz.

   Pessoa B (professor): Pois você vai se arrepender se não pedir desculpas.

8. Pessoa A (mãe): Não vou ficar aqui escutando você me dizer que tem algo errado com meu filho.

   Pessoa B (professor): Parece que você quer mais equilíbrio nessa conversa e gostaria de ouvir algumas coisas que eu admiro e valorizo no seu filho, além daquilo que está me preocupando.

9. Pessoa A (aluno): Eu nunca vou recitar uma poesia.

   Pessoa B (professora): Você acha que poesia é piegas e fora de moda?

10. Pessoa A (aluno): É muito chato colorir mapas.

    Pessoa B (professor): Você gostaria de descobrir um outro modo de aprender geografia?

Capítulo 4 | Criando relacionamentos de parceria entre professores e alunos

Estas são as minhas respostas do exercício 6:

1. Não circulei essa opção porque, na minha visão, a Pessoa B está dando uma bronca na Pessoa A com a intenção de fazê-la sentir-se culpada em vez de escutar o que está acontecendo com a Pessoa A. Acho que a Pessoa A sente que sua autonomia não está sendo respeitada e que gostaria de receber apoio para sua escolha de como usar seu tempo.

2. Nesse caso vejo a Pessoa B fazendo uma ameaça em vez de escutar o que vai no íntimo da Pessoa A. Acredito que a Pessoa A queira proteger sua autonomia.

3. Se você circulou esta, estamos de acordo que a Pessoa B está tentando escutar as necessidades da Pessoa A.

4. A meu ver, a Pessoa B está afirmando sua opinião e, ao mesmo tempo, sugerindo que a Pessoa A está errada, em vez de escutar as necessidades da Pessoa A. Acredito que a Pessoa A busque responsabilidade e eficiência.

5. Na minha visão a Pessoa B respondeu com uma sugestão em vez de escutar a necessidade da Pessoa A. Eu diria que a Pessoa A quer se proteger de alguma frustração ou dissabor que vivenciou em um trabalho de grupo anterior.

6. Se você circulou este número, estamos de acordo. Na minha visão, a Pessoa B entendeu o que a Pessoa A valoriza.

7. Se você circulou este número, não estamos de acordo. Vejo a Pessoa B fazendo uma ameaça e tentando coibir e amedrontar em vez de escutar as necessidades da Pessoa A. Eu perguntaria: "Você precisa de empatia em relação ao sofrimento que está sentindo?".

8. Se você circulou este número, estamos de acordo. A meu ver, a Pessoa B escutou as necessidades da Pessoa A.

> 9. A meu ver, a Pessoa B está investigando e pedindo uma opinião em vez de escutar as necessidades da Pessoa A. Se a Pessoa B estivesse escutando as necessidades da Pessoa A, responderia algo como: "Você quer se proteger de sentimentos dolorosos, como vergonha e medo?".
> 10. Se você circulou esta, estamos de acordo. Vejo que a Pessoa B está tentando escutar as necessidades da Pessoa A.

A PARTE MAIS IMPORTANTE DO APRENDIZADO

Nos meus anos de formação participei de um curso ministrado por Carl Rogers. Nos primeiros dez minutos de aula aprendi uma bela lição sobre o valor do envolvimento dos alunos no processo de escolha das metas educacionais

Rogers começou o curso de um modo que não me era familiar. Em vez de entrar e dirigir o processo de aprendizado, ele simplesmente ficou sentado esperando que nós manifestássemos o que queríamos do curso. Um de meus colegas expressou sua insatisfação com essa metodologia não direcionada de Rogers e disse que estava pagando pela faculdade para aprender o que Rogers tinha a oferecer, e queria saber por que ele não estava apresentando informações sobre psicoterapia. Rogers ouviu com sinceridade a insatisfação do aluno e depois respondeu: "Acredito que ninguém, por mais sábio e criativo em sua área de especialidade, possua mais de uma ou duas ideias originais. Eu poderia apresentar a vocês um ou dois conceitos sobre psicoterapia que me são creditados, e isso levaria cerca de cinco minutos. O que faríamos no restante do semestre?".

Pela reação do aluno, a afirmação de Rogers provocou certa irritação, pois ele respondeu: "Sim, eu concordo que

Capítulo 4 | Criando relacionamentos de parceria entre professores e alunos

ninguém sabe tudo sobre uma disciplina. Mas você sabe mais do que nós sobre o que tem sido feito nesse campo e sabe o que vale mais a pena estudar".

Mais uma vez, Rogers escutou com atenção o que o aluno disse e depois respondeu: "Pode ser que eu tenha uma visão mais abrangente do que a sua sobre o que tem sido feito no campo da psicoterapia. E talvez também saiba mais sobre o que normalmente se ensina nesta disciplina. Contudo, não gostaria de decidir sozinho o que é importante que vocês aprendam, pois acredito que o aspecto mais vital do aprendizado seja a escolha do que vale a pena aprender. Se eu fizer essa escolha sozinho, todos os dias estarei reservando a parte mais importante do aprendizado para mim mesmo".

Essa lição se manteve viva em mim ao longo dos anos e me ajuda a lembrar o valor da participação dos alunos como parceiros na escolha do que vale a pena aprender.

OS MEDOS DOS ALUNOS QUANDO SE ENVOLVEM NA ESCOLHA DE OBJETIVOS

Não raro, os alunos que passaram muitos anos em escolas do sistema de dominação se sentem desconfortáveis diante da oportunidade de ajudar a escolher seus próprios objetivos de aprendizado. Um destes dirá: "Escuta, não quero saber de toda essa conversa. Me diga logo o que eu preciso aprender".

Quando estou no papel de professor e escuto um comentário assim, primeiro ofereço empatia ao aluno que está sentindo desconforto. Depois sugiro que procuremos desfrutar de uma nova abordagem que estou propondo. Digo à classe: "Levante a mão quem está aqui porque sabe qual é a matéria e realmente quer aprender? Vocês serão o grupo

A. E agora levante a mão quem está aqui porque tem medo do que aconteceria se não estivesse? Vocês serão o grupo B".

A julgar pelas escolas onde trabalhei, eu diria que 75% dos alunos caem no grupo B. Depois dessa enquete, sugiro que não comecemos a ter aula até que todos os alunos tenham passado para o grupo A – mas que ninguém deve ir para esse grupo por se sentir obrigado ou por medo. As conversas que surgem entre os dois grupos em geral versam sobre a utilidade das matérias do curso, mas também sobre os valores dos alunos e os meus.

Alguns nunca chegam a gostar dessa abordagem, ou não admitem, mas a maioria acaba apreciando o valor do método. Em geral o aluno que fez a primeira objeção é aquele que apresenta os argumentos mais fortes provando que a matéria tornará a vida mais plena (mesmo que não conheça este conceito) e é o que mais convence os alunos do grupo B a ir para o grupo A – mais ainda do que eu.

PARCERIA NA AVALIAÇÃO

O relacionamento de parceria entre alunos e professores no contexto da educação para uma vida mais plena também desempenha papel importante quando se trata de escolher como avaliaremos se os objetivos de aprendizado foram atingidos. Isso requer a habilidade de criar objetivos mensuráveis e meios hábeis para estimar se foram alcançados.

Se um professor aprende a estabelecer objetivos em comum com os alunos, objetivos claros, atraentes e relevantes, disso advêm seis consequências – e todas ressaltam a autonomia e a interdependência do aluno, fortalecendo a parceria entre professores e alunos.

Capítulo 4 | Criando relacionamentos de parceria entre professores e alunos

1. Quando os objetivos são mensuráveis e foram escolhidos de comum acordo, os estudantes se tornam menos dependentes do professor. De fato, quando os alunos sabem exatamente quais são os objetivos e como aferir se foram atingidos, é possível que alguns os atinjam sem ajuda nenhuma do professor. Por outro lado, se os objetivos estão apenas na cabeça do professor, os alunos não têm escolha senão esperar passivamente pelas instruções do mestre.
2. Quando os objetivos são mensuráveis e consensuais, a avaliação pode ser objetiva ao invés de subjetiva. Um dos benefícios de formular os objetivos em termos do comportamento dos alunos é que isso possibilita o estabelecimento de um critério para determinar concretamente se e quando o objetivo foi alcançado. Na maioria dos casos, os alunos conseguem verificar por si mesmos em que ponto estão e o que falta para chegarem à meta. Isso permite a alunos e professores escapar da avaliação arbitrária do "sistema de notas". Uma vez que o critério tenha sido definido por consenso, o estudante continuará avançando até chegar ao seu objetivo.
3. Quando os objetivos são mutuamente acordados e mensuráveis, sinto que o aluno pode desempenhar um papel mais ativo de autoavaliação. Isso decorre das vantagens enumeradas acima. Ou seja, se os objetivos forem formulados em termos claros e mensuráveis, os alunos conseguirão avaliar melhor seu próprio desempenho e, portanto, ter um papel mais ativo na avaliação.
4. Quando os objetivos são mensuráveis e estabelecidos em conjunto, é mais provável que os alunos

conquistem um senso de realização. Se o educando sabe quais são os objetivos e como avaliar seu progresso, conseguirá continuar estudando até dominar a matéria. Em outras metodologias, é possível que os alunos passem por doze anos de escola sem jamais sentir que realmente atingiram um objetivo – pelo fato de esses objetivos serem definidos de modo vago e a avaliação ser arbitrária. O único objetivo necessário na maioria das classes é tirar uma nota na prova que seja maior que a dos outros. Assim, um estudante pode tirar 10 numa prova sem sentir que de fato aprendeu algo daquela matéria. O "10" pode ser obtido apenas aprendendo mais que os outros alunos (ou se você já entrou sabendo antes de o curso começar). Pessoalmente, nunca senti que tirar uma nota alta fosse tão significativo quanto saber que atingi um objetivo de aprendizado que eu mesmo escolhi.

5. Quando os objetivos são mensuráveis e escolhidos em comum, os alunos mostram maior compromisso em atingir essas metas do que se fossem criadas por outros. Acredito que a apatia característica de muitas salas de aula se origine na falta de compromisso dos alunos com os objetivos que estão perseguindo. Na verdade, como mencionei, em muitos casos os estudantes nem sequer têm clareza sobre quais são os objetivos. Psicólogos que trabalham na área industrial já demonstraram a estreita ligação entre a produtividade, o compromisso com objetivos e a motivação. É um equívoco começar qualquer curso antes que o professor esteja convencido de que todos e cada um dos alunos se comprometeram com os objetivos. Quando os estudantes

estão pessoalmente empenhados nos objetivos, também os problemas disciplinares diminuem bastante. Quanto mais coincidirem os objetivos do aluno e os do professor, menos problemas de controle aparecem.

6. Quando os objetivos são mensuráveis e estabelecidos de comum acordo, tanto professor como aluno estão protegidos contra irrelevâncias. Quando o professor procura mostrar ao aluno como sua vida será enriquecida pelo esforço de trabalhar em direção a um propósito, logo descobre certas partes do currículo escolar que não parecem atender às necessidades do aluno. Talvez fossem relevantes na época em que as diretrizes foram criadas, cinquenta anos atrás, mas podem não ser relevantes agora.

Infelizmente, a descoberta de que um assunto é irrelevante para os alunos nem sempre significa que será removido do programa. Muitas vezes, a rigidez das instituições de ensino acarreta a exigência de determinados temas mesmo depois de não haver mais qualquer traço de significância. Nesses casos, como mencionei, acho que a honestidade é a melhor política a ser adotada perante o aluno. Essa franqueza pode assumir o seguinte aspecto: "Gostaria de recomendar o seguinte objetivo, simplesmente porque ele é muito valorizado dentro do sistema acadêmico. Embora eu não veja qualquer valor intrínseco nesse aprendizado, sugiro aprendê-lo para se protegerem dentro do atual sistema. Terei o maior prazer em explorar junto com vocês maneiras de tornar esse aprendizado o mais agradável possível".

Abaixo temos o exemplo de um professor tentando estabelecer objetivos comuns quando se trata de uma matéria que o aluno não considera enriquecedora para sua vida, mas que é exigida pelo sistema educacional. Este diálogo aconteceu numa classe especial de sétimo anocom trinta alunos que não tinham bom desempenho no programa regular. Eu ajudei a arquitetar o programa e treinei o professor selecionado para conduzir essa classe.

Quando professor e alunos estavam discutindo os objetivos que poderiam abraçar, o professor recomendou que aprendessem a multiplicar e dividir frações. Um dos alunos perguntou por que era tão importante multiplicar e dividir frações.

O professor respondeu: "Existem algumas profissões que talvez vocês gostem nas quais se exige esse conhecimento. Por exemplo, se você for chef de cozinha, isso é importante para diminuir ou aumentar a receita. Também em carpintaria esse conhecimento ajuda, pois você estará construindo objetos a partir de desenhos em escala".

Nesse momento, o aluno disse: "Mas eu não vou ser cozinheiro nem carpinteiro".

O professor pensou por um momento e depois respondeu: "Agora que estou pensando nisso, acho que nunca precisei multiplicar nem dividir frações desde que saí da escola". Depois de pensar um pouco mais, o professor acrescentou: "No entanto, de uma coisa eu sei. Problemas que exigem multiplicação e divisão de frações constam na maioria dos exames nacionais e vestibulares. Se você não se sair bem nesses exames, é provável que fique nas faculdades de menor prestígio. A divisão e multiplicação de frações também cai na maior parte das provas para concursos públicos e, se você não souber, provavelmente terá menor chance de conseguir um emprego público no futuro". Nesse ponto, o aluno que questionava a utilidade daquele aprendizado achou que valia a pena aprender a multiplicar e dividir frações. Se ele não tivesse aderido de forma voluntária a esse objetivo, o professor teria respeitado sua escolha e procurado despertar seu interesse em outras metas.

Quando professores e alunos não percebem qualquer valor que enriqueça sua vida nos temas que são exigidos pelo sistema educacional dentro do qual estão inseridos, outra opção seria unirem-se como parceiros para tentar tirar do currículo escolar os objetivos que consideram irrelevantes.

RESPONSABILIDADE SIM; NOTAS NÃO

Nos programas de educação para uma vida mais plena, as provas são realizadas para descobrir se os objetivos foram alcançados ou não e, em caso negativo, as provas oferecem informação sobre as etapas que o aluno ainda precisa conquistar. As provas não são realizadas apenas no final do curso para dar uma nota.

Na escola para uma vida mais plena, os boletins sobre o progresso do aluno assumem o formato de uma descrição das competências que ele desenvolveu num dado período. Isso é feito através de um boletim escrito ou de uma reunião com os pais, quando apropriado. Se a escolha for por uma reunião, seria preferível que os alunos estivessem presentes.

Na escola para uma vida mais plena, não se atribuem notas; as avaliações são apresentadas relatando-se exatamente o que os alunos conseguem fazer no final do aprendizado, comparando-se ao que não sabiam fazer no início.

Muitas vezes os professores me dizem: "Mas nosso sistema exige as notas".

Compreendo as exigências do que estão falando. Lembro-me de uma ocasião, quando eu dava aulas numa faculdade em St. Louis. Um administrador me procurou dois dias antes do fechamento das notas e raivosamente exigiu que eu entregasse as dos meus alunos. Expliquei que eu tinha adotado um sistema de avaliação alternativo.

O funcionário ficou surpreso com minha resposta e disse: "Mas você tem de dar notas". E eu respondi que havia escolhido não o fazer, pois entraria em conflito com meus valores. O administrador me pediu para explicar que valores eram esses que me impediam de dar notas.

Disse a ele que metade dos alunos da faculdade eram negros, enquanto 80% das notas abaixo da média eram dos alunos negros. Não estava em harmonia com meus valores participar de um sistema de avaliação que reforça a discriminação.

Expliquei, ainda, que acho as notas injustas porque dificilmente levam em conta o nível desigual em que as pessoas começam um curso. Se alguns alunos começam o semestre com níveis de desempenho muito mais elevados que os colegas, é bem provável que recebam uma nota alta (basta não irritar demais o professor), mesmo que tenham aprendido pouco ou nada durante o semestre. Por outro lado, os alunos que começaram o período de aprendizado com grande defasagem em relação aos demais provavelmente receberão uma nota baixa, mesmo que tenham progredido bastante.

Também mostrei que as notas são uma motivação extrínseca, e que eu desejava que meus alunos trabalhassem somente pelo valor intrínseco do próprio aprendizado. Manifestei minha preocupação sobre o efeito da motivação extrínseca nos alunos, visto que o melhor modo de tornar as pessoas

CAPÍTULO 4 | Criando relacionamentos de parceria entre professores e alunos

desnecessariamente ansiosas e voltadas para os outros é estabelecer metas vagas e orientadas para o professor, que depois pune os alunos com desaprovação social (na forma de uma nota baixa) quando não atingem essas metas.

Acrescentei ainda que, na minha visão, o sistema de notas comunica a mensagem de que a competição deve ser mais valorizada do que a interdependência. Nas escolas que usam as notas de modo competitivo, percebo que os alunos aprendem que é apropriado e desejável passar por cima dos outros para conseguir uma nota alta. Eu preferiria ver a interdependência valorizada numa classe para que os alunos aprendessem que seu bem-estar individual está interligado com o bem-estar dos outros. Numa classe assim, a ênfase seria não na competição para obter uma nota alta, mas na cooperação de todos para que todos os objetivos sejam alcançados.

Por fim, expliquei que, no meu entendimento, o propósito das notas é fomentar a responsabilidade, mas que as notas eram um sistema falho nesse aspecto. Disse ao administrador que estava preparando uma descrição das habilidades que cada aluno adquiriu durante o tempo do meu curso, habilidades que eles não tinham antes. Nesse sentido, eu estava assumindo mais responsabilidade do que outros professores, que simplesmente entregam as notas e não dizem o que de fato os alunos aprenderam.

Consegui convencer o funcionário da administração de que minha visão era mais sustentável. Outros professores, que não tiveram tanta sorte em seu empenho de explicar aos administradores que as notas não beneficiam os alunos, tentaram outras abordagens. Morrie Schwartz (do livro *A última grande lição*), professor de Sociologia da Brandeis Faculty durante a Guerra do Vietnã, e seus colegas combinaram não dar notas baixas aos alunos, pois, se eles repetissem de ano, poderiam ser convocados a servir na guerra e talvez morressem. Todos recebiam a nota máxima.

Pesquisas norte-americanas mostram que o aluno que tira 10 aprende o mesmo durante o semestre do que os alunos que tiram 2 ou 4, se o aprendizado for medido do começo ao fim. Por quê? Porque os que tiram 10 já sabem a matéria. Seus pais os preparam, contratam professores particulares, oferecem experiências educacionais variadas a que só alguns têm acesso, de modo que seus filhos são os que tiram 10. São crianças que levantam a mão imediatamente e respondem às perguntas do professor – pois já sabem as respostas.

Parece que estão aprendendo na escola, mas é só aparência. Não quero sugerir que a meta seja simplesmente ficar livre da tarefa de dar notas. Como em todos os conflitos onde usamos a Comunicação Não Violenta, o objetivo não é conseguir que as coisas sejam como desejo. Queremos promover conexões humanas que resultam no atendimento das necessidades de todos; mas quando se trata de tradições muito antigas (como as notas), o diálogo entre professores que preferem não dar notas e administradores que insistem em recebê-las pode ser muito demorado. No entanto, ao comunicar nossas preferências não apenas a administradores mas também a alunos, pais e outros professores, estaremos gradualmente abrindo seus olhos para novas e maravilhosas possibilidades, para a visão de uma escola onde os estudantes aprendem por livre e espontânea vontade, com afinco – e não simplesmente para obter uma nota 10 ou evitar um zero.

COMUNICAÇÃO NÃO VIOLENTA NA EDUCAÇÃO
– A PROVA

Um professor do ensino médio relata um caso. Minha classe é uma das muitas "classes especiais" do município. É para crianças que não se enquadram no programa padrão, boa parte das vezes por causa de comportamentos agressivos contumazes ou por causa de depressão incapacitante. Minha classe poderia ser comparada a uma panela de pressão: os ânimos tendem a explodir sem aviso.

Antes da minha primeira aula de Comunicação Não Violenta, eu contava somente com algumas técnicas de modificação de comportamento para manter a ordem na sala. Isso significa que eu perdia boa parte do tempo subornando as crianças com recompensas e ameaçando-as com punições. Embora essas técnicas (especialmente a ameaça de punição) em geral funcionassem para conseguir ordem, eu já havia percebido há tempos que elas incrementam fervilhantes ressentimentos, a raiva e a baixa autoestima tão característicos desse tipo de adolescente. Infelizmente, eu não dispunha de outra ferramenta para gerenciar a classe – até que descobri a CNV.

Quando ouvi o instrutor de CNV dizer que todas as pessoas estão o tempo todo dizendo "por favor" e "obrigado", dei gargalhadas. Seria preciso dar asas de anjo à minha imaginação para conseguir ouvir as coisas que meus alunos falavam como sendo "por favor" e "obrigado". No entanto, meu desespero era tal que resolvi fazer uma tentativa. Logo comecei a ouvir meus alunos de uma maneira muito diferente e de fato escutar "por favor, me escute" e "por favor, me ajude" enquanto vociferavam exigências e punham sua raiva para fora. Ao escutar desse jeito novo e ao aprender a expressar meus próprios sentimentos e necessidades aos alunos, o ambiente da classe mudou. O que era constante tensão se transformou em abertura e confiança.

A primeira vez que percebi a mudança foi quando estávamos nos preparando para uma prova semestral estadual padronizada. A maioria dos meus alunos tirava notas abaixo da média nessas provas e detestava fazê-las. No passado, minha atitude era: "Isso é algo que precisamos fazer e não adianta reclamar". Desta vez, como das anteriores, senti a tensão no ar, observei o crispar de seus corpos e uma crescente irritação mútua entre eles. Mas, desta vez, a diferença é que eu percebi com mais clareza o que estava acontecendo e o que estava por trás de seus gestos. Com minhas habilidades de CNV recém-adquiridas, pude intuir o que estavam sentindo e quais eram suas necessidades não atendidas.

Em silêncio, fiz a conexão empática com seus sentimentos e necessidades não verbalizados: "Imagino que estejam assustados e queiram se proteger da dor de novamente ir mal na prova"; "Acredito que estão sofrendo e gostariam de receber reconhecimento pela sua inteireza como humanos, e não serem vistos apenas como 'maus alunos'"; "Percebo que estão com raiva e acho que é porque gostariam de proteger sua autonomia – o direito de escolher a que dedicar seu tempo". Além disso, tinha a certeza de que muitos de meus alunos tinham perdido as esperanças de ver suas necessidades atendidas na escola, ou em qualquer outro lugar. Ter de se submeter aos testes padronizados parecia trazer à tona todos esses sentimentos dolorosos e necessidades desatendidas.

Compreender dessa maneira fez com que meu coração se abrisse e tive de parar quando, ao contar para a classe sobre a data da prova na semana seguinte, um deles gritou de repente, seguido por outros:

Aluno 1: Por que temos de fazer essa droga de prova?
Aluno 2: É, explique por quê!
Aluno 3: É para descobrir quem é esperto e quem é burro!
Aluno 4: Os burros são os caras que inventaram essa prova!

Professor (espelhando suas necessidades): Acho que vocês gostariam de saber por que as pessoas pedem que façam certas coisas?

Aluno 5: Não "pedem", elas nos obrigam.

Professor (ciente de mais sentimentos e necessidades): Então, vocês estão com raiva também porque gostariam de escolher o que fazer na escola, e não serem obrigados a fazê-lo.

Aluno 5: Aqui e em todo lugar. Que escolhas nós temos? Não podemos nem escolher a roupa que queremos usar na escola.

Professor (usando um tom de pergunta na voz): Você está cheio de todas as coisas que os adultos decidem em seu lugar? Gostaria de ter mais poder de escolha?

Aluno 5: É uma besteira falar sobre esse assunto. Não podemos fazer nada a respeito.

Professor (ainda adivinhando sentimentos e necessidades): Será que você perdeu a esperança de ser ouvido pelos adultos?

Aluno 5: Isso mesmo. Por que gastar meu tempo com isso? Professor: Você está desesperançado e, acredito, muito triste porque sua necessidade de ser compreendido não está sendo atendida?

Aluno 5 [Silenciosamente baixa o olhar, seus olhos se enchem de lágrimas.]

Todos ficaram quietos por alguns minutos. Houve uma mudança palpável no ambiente da classe. A tensão e a raiva se transformaram em suavidade e tristeza. Tenho certeza de que foi porque eu simplesmente escutei – sem resistência, argumentações ou respostas consoladoras. E então o primeiro aluno fez a pergunta de novo.

Aluno 1: Então por que temos de fazer essas provas?

Professor: A verdade é que não sei exatamente por que vocês têm de fazer essa prova. As autoridades explicaram, mas os motivos não estão muito claros para mim, portanto, prefiro não falar a respeito disso agora. Prometo que vou estudar e dar retorno a vocês. Gostaria que vocês soubessem por que estamos pedindo que façam essas provas. Quero ter clareza do motivo pelo qual estou pedindo a vocês que façam as coisas. Também sinto tristeza, pois a autonomia é algo que prezo, e gostaria que vocês tivessem a oportunidade de escolher algumas coisas na vida. Gostaria de fazer algo a respeito. Portanto, estou contente que você tenha aberto o diálogo sobre esse assunto hoje e falado quais são suas necessidades e sentimentos a esse respeito.

Em seguida, disse a eles: "Obviamente, há muito sofrimento associado a fazer essa prova. Há também uma falta de clareza quanto ao propósito disso. Gostaria de continuar a cuidar de suas necessidades e confusão e dos outros sentimentos associados a elas. Alguém aqui tem dúvida sobre meu desejo de fazer isso?".

Capítulo 4 | Criando relacionamentos de parceria entre professores e alunos

Ninguém disse nada, então, continuei: "Nesse meio tempo, e para facilitar as coisas para todos hoje, gostaria de começar e terminar essas provas que já foram programadas. Alguém aqui é contra procedermos dessa forma?". Lembro-me que fiquei estupefato e agradecido porque ninguém se negou a fazer as provas naquele dia.

Atualmente, é claro, meus alunos sempre me dizem como estão se sentindo. Naquele dia fui eu quem agi diferente, pois dediquei um tempo a ouvi-los e me dispus a falar com honestidade sobre meus sentimentos e necessidades. Realmente compreendi o poder da CNV naquela ocasião.

CAPÍTULO 5

CRIANDO UMA COMUNIDADE DE APRENDIZADO INTERDEPENDENTE

ÉTICA SECULAR

A ORGANIZAÇÃO de uma classe ou uma escola produz uma impactante experiência de aprendizado nos alunos. A estrutura de uma classe ou escola pode ser a base pedagógica necessária para que os alunos desenvolvam e sustentem estruturas que fomentam a interdependência ou, ao contrário, estruturas que fomentam a competição e a dominação.

A educação para uma vida mais plena estrutura a escola como uma comunidade onde todos os alunos estão tão empenhados em contribuir para que os demais atinjam seus objetivos de aprendizado quanto em atingir seus próprios objetivos. Tal comunidade de aprendizado não apenas oferece ensino que será útil para os alunos quando se tornarem adultos (quando criarão um ambiente de trabalho, familiar, governamental que torna mais plena a vida) como também facilita o desenvolvimento do que o Dalai Lama chama de "ética secular":

Junto com a educação, que em geral lida apenas com realizações acadêmicas, precisamos desenvolver mais altruísmo e um senso de cuidado e responsabilidade pelos outros na mente das novas gerações que estudam nas várias instituições de ensino. Isso pode ser feito sem necessariamente recorrer à religião. Portanto, podemos chamar a isso de "ética secular", pois, na verdade, consiste em qualidades humanas básicas como bondade, compaixão, sinceridade e honestidade.

A maioria concordará com o Dalai Lama, que precisamos ajudar as novas gerações a desenvolver mais altruísmo e um senso de responsabilidade e cuidado para com os outros. No entanto, vivemos em uma cultura que incentiva a competição para ver quem chega ao topo num concurso injusto, no qual os privilegiados têm quase garantidas as chances de vitória. Nossas escolas são reflexo direto disso. Como mostrei nos capítulos anteriores, os alunos que tiram as melhores notas não são necessariamente os que mais aprenderam. São os que já tinham estudado a matéria antes que ela fosse apresentada, pois a condição socioeconômica da família lhes deu uma vantagem no que diz respeito ao mundo acadêmico.

Por isso, gostaria que a classe competitiva fosse transformada em uma comunidade de aprendizagem na qual todos os membros se preocupam não apenas com seu próprio aprendizado, mas, igualmente, com o de todos os demais.

CAPÍTULO 5 | Criando uma comunidade de aprendizado interdependente

DESENVOLVENDO UMA COMUNIDADE DE APRENDIZADO INTERDEPENDENTE

Nas escolas e salas de aula onde existe uma comunidade de aprendizado interdependente, em geral, incentivam-se os alunos que alcançaram certos objetivos a ajudar outros que desejam chegar às mesmas metas. A cooperação entre alunos contribui para o desenvolvimento de uma comunidade interconectada de ensino e aprendizado. Ao dominar uma matéria, o estudante está apto a apoiar o aprendizado de seus colegas. Esse tipo de cooperação pode assumir várias formas. Um aluno que já sabe a matéria pode ensinar os outros. Há abundante evidência de que os alunos conseguem ensinar uns aos outros tão eficientemente como um pedagogo formado. Isso não é novidade para aqueles que já trabalharam numa escola rural, nas escolas Montessori, ou em outros contextos onde estão reunidas crianças de várias idades numa mesma classe.

Nessas situações, é comum um aluno ensinar o outro.

Observei uma classe desse tipo em uma escola israelense fundada nos princípios da CNV. Vi que um menino estava recebendo explicações de uma menina que parecia ser quase da mesma idade. Observei que, enquanto ele resolvia alguns problemas, ela se virou para a direita e recebeu instruções de um outro aluno, mais velho. Todos os estudantes naquela classe pareciam estar envolvidos nesse dar e receber de conhecimentos, salvo quatro, que estavam com a professora. Eram alunos com necessidades especiais. A professora tinha tempo de tratar de suas necessidades porque os outros estavam aprendendo ativamente sem que ela precisasse lhes dar atenção.

Quando propiciamos experiências de aprendizado onde os alunos podem trabalhar sozinhos ou uns com os outros, a professora fica livre para resolver problemas. Ela pode dar aula para um aluno que está com dificuldades, ou pode se sentar para conversar com alunos que parecem estar precisando desabafar (mais do que estudar o programa escolhido). O professor poderá também interagir com alunos que não estão progredindo para descobrir quais são suas necessidades. Alguns professores se preocupam ao ver alunos instruindo seus colegas, pois temem que seja injusto para com aquele que tem de ensinar. No entanto, a maioria dos professores concorda que a melhor maneira de aprender é ensinando, e que a criança que ensina se beneficia tanto quanto aquela que aprende. Professores que adotaram esta prática em sala de aula me contaram que os alunos que ensinam ganham muita consciência sobre o processo de aprendizado, o que parece facilitar seu próprio aprendizado.

O PROFESSOR COMO AGENTE DE VIAGENS

Também ouvi dos professores a alegação de que escolher um aluno para ensinar o outro pode incentivar a competição, algo que levaria a outro tipo de hierarquia. No entanto, numa classe onde cada um tem um conjunto diferente de metas de aprendizado, onde não há hierarquia de notas, é muito provável que um aluno esteja ensinando algumas matérias e aprendendo outras, sentindo-se bastante confortável tanto em oferecer ajuda quanto em recebê-la.

Como viajo muito e tenho bastante contato com agentes de viagens, gosto de pensar no professor como um agente de viagens e, nessa metáfora, os alunos são os viajantes. O agente de viagens não me diz para onde devo ir. Mas, se eu partilhar com ele as minhas necessidades, ele poderá

CAPÍTULO 5 | Criando uma comunidade de aprendizado interdependente

recomendar lugares nos quais eu nem havia pensado ou que nem sabia que existiam. Portanto, o professor, como o agente de viagens, pode oferecer sugestões, recomendar com entusiasmo, mas jamais ditar aos alunos aonde ir. Nesse meio tempo, um aluno viajante pode contar ao outro sobre um lugar maravilhoso onde esteve e entusiasmar seu colega a fazer a mesma jornada.

Outra coisa que me encanta na metáfora do agente de viagens é que ele não embarca na viagem com o cliente, portanto, a viagem não depende da disponibilidade do agente. Na escola israelense que descrevi acima, todos os dias, durante determinado horário, cada aluno escolhe seu professor para aquele período, e 60% escolhem um colega.

Pesquisas realizadas nos Estados Unidos mostram que uma criança que acabou de aprender uma habilidade pode ensinar outra criança melhor do que um pedagogo formado. E por que isso nos surpreenderia? As crianças falam a mesma linguagem, se conhecem, sentem-se seguras na companhia uma da outra; e a experiência do aprendizado ainda está fresca na memória. Se um menino sabe andar de bicicleta, ele consegue ensinar o amigo a andar de bicicleta. Se minha amiga sabe fazer somas, ela consegue me mostrar como se faz.

Além do mais, o agente de viagens não espera que todos os seus clientes, mesmo aqueles que querem chegar ao mesmo destino, cheguem lá ao mesmo tempo, ou da mesma maneira. Se o viajante não tem muito dinheiro, ele pode ir de trem. O outro pode ir de avião, e assim por diante. A professora pode ajustar a viagem para se adequar ao viajante. Portanto, se um aluno está tendo dificuldades com a leitura, até ele superar essa dificuldade, a professora usa um método alternativo. Se um dos objetivos do aluno é aprender sobre algo que viu num livro de ciências, ela pode pedir a outro aluno que sabe ler para ajudá-lo, em vez de condicionar seu aprendizado de ciências a uma habilidade de leitura que ele ainda não dominou.

Em resumo, um agente de viagens não nos diz aonde ir. Ele nos auxilia, oferece alternativas e mostra como estas alternativas podem tornar mais plena nossa experiência de vida.

MATERIAIS QUE PERMITEM AOS ALUNOS APRENDEREM POR SI

Depois que professor e aluno estabeleceram objetivos de aprendizado conjuntamente, o professor trabalhará com os alunos a fim de obter as informações sobre os materiais que eles precisam para atingir seus objetivos. O ideal é que sejam materiais que os alunos possam usar sozinhos na maior parte das ocasiões. Para tanto, o professor deve identificar as habilidades que são pré-requisitos, os conceitos que oferecerão a base de apoio para que o aluno possa começar a galgar os degraus em direção a seu objetivo.

Em seguida, professor e alunos trabalham juntos para identificar e definir conceitos fundamentais, atividades pedagógicas, prazo para atingir a meta e o vocabulário que o estudante precisa para chegar a seu objetivo. O professor então organiza esses elementos em ordem sequencial de modo a otimizar o progresso do aluno. Cada elemento deve ser explicitado com clareza para que o aluno saiba exatamente o que precisa saber e fazer, e são necessárias indicações de fácil compreensão sobre os materiais e experiências de aprendizado necessários para dominar a matéria.

Esses "pacotes de viagem" (usando de novo a nossa metáfora) são disponibilizados ao aluno, de preferência sem depender de uma iniciação por parte do professor, e acompanhados de um conjunto de instruções que explicam como o estudante os utilizará. Os professores podem preparar unidades de aprendizado customizadas ou para propósitos especiais e, é claro, podem usar materiais produzidos comercialmente. Para professores que dispõem de um orçamento para compra de materiais, há hoje uma infinidade de produtos a escolher. Outra alternativa é lançar mão da ajuda de alunos, voluntários e pais para construir materiais de modo que o aprendizado dos alunos não dependa sempre da disponibilidade do professor.

AJUDA DE ALUNOS E PAIS PARA PREPARAR MATERIAIS PEDAGÓGICOS

Os estudantes e seus pais são recursos aos quais podemos recorrer para preparar materiais. Os pais e alunos não apenas podem economizar tempo e esforço do professor, mas ao longo do processo podem também se beneficiar da experiência.

Na classe de sétimo ano de um amigo meu, os alunos gostavam de usar uma série de leitura vendida comercialmente. No entanto, havia apenas um exemplar disponível para toda a classe. Assim, meu amigo sugeriu que os alunos montassem vários kits, seguindo o modelo daquele produto comercial, utilizando artigos de revistas. Com grande entusiasmo, um grupo de alunos começou a trabalhar nesse projeto. No início meu amigo ficou preocupado porque os alunos que estavam montando os kits começaram a utilizar artigos que ele considerava difíceis demais para o nível de leitura da classe. Por exemplo, estavam selecionando artigos de interesse pessoal, sobre assuntos como drogas – e muitos eram retirados de publicações que supostamente estavam muito acima do nível de leitura da sétimo ano. Entretanto, para surpresa do meu amigo, além de usarem esses kits fabricados na classe para melhorar suas habilidades de interpretação de texto, os alunos acabaram preferindo estes aos vendidos comercialmente.

Certa vez recebi o convite para participar de uma reunião de pais e professores na pré-escola de meu filho mais novo. O propósito formal da reunião era apresentar o programa de ensino aos pais. Quando chegamos, explicaram que pais e alunos aprendem mais colocando a mão na massa. Portanto, em vez de sentar passivamente e ouvir os professores explicar o programa, fomos convidados a desfrutar da oportunidade de aprender sobre o programa construindo recursos pedagógicos. Os professores tinham reunido uma porção de materiais (nada muito sofisticado) como revistas velhas, cola, tinta, cartolina colorida, tesouras etc. O professor então deu instruções para a construção de certos recursos pedagógicos. Enquanto dava essas instruções, descrevia também como as crianças iriam utilizá-los.

Pediram-me que fizesse conjuntos de cartas conceituais. Eu devia olhar as revistas e procurar quatro figuras que tivessem algo em comum (por exemplo, quatro tipos de veículo: carro, avião, barco, trem) e uma que fosse diferente (por exemplo, uma laranja). Cada uma destas figuras devia ser colada numa ficha de 6 cm × 10 cm. O verso da ficha que representasse o elemento diferente (no caso, a laranja) devia ser pintado de vermelho.

CAPÍTULO 5 | Criando uma comunidade de aprendizado interdependente

Explicaram que esses conjuntos de fichas seriam usados para ajudar as crianças a aprender diferentes conceitos. Os alunos receberiam os conjuntos de cartas e arrumariam as fichas colocando a diferente por cima. Para verificar se tinham acertado, bastaria virar a carta de cima e ver se o verso era vermelho. Construindo esses materiais, aprendemos ativamente sobre o programa, e o professor desfrutou do nosso trabalho voluntário conseguindo reunir uma grande quantidade de recursos pedagógicos num período relativamente curto de tempo.

SERVIÇOS VOLUNTÁRIOS DE AULAS PARTICULARES

Por serviços voluntários, quero dizer lançar mão de pais, avós e vizinhos como apoiadores da comunidade de aprendizado. Essas pessoas, creio eu, seriam muito valiosas para ajudar os estudantes que não conseguem aprender apenas com os recursos mencionados anteriormente. Conheço um internato para crianças "com distúrbios emocionais" que utiliza idosos como professores particulares.

Até o momento a experiência tem sido muito benéfica tanto para os jovens como para os mais velhos. O diretor da escola me contou que muitas vezes os cidadãos mais velhos têm a paciência necessária para lidar com muitos desses jovens e têm tempo disponível para se dedicarem a eles.

A COMUNIDADE GEOGRÁFICA COMO RECURSO DE APRENDIZAGEM

Outro recurso que pode ser utilizado para dar apoio à comunidade de aprendizagem é a própria localidade onde a escola está situada. Vi um belo exemplo de como aproveitar os recursos da comunidade local no Parkway Program, em Filadélfia. Nesse programa, a própria cidade é vista como "escola". As aulas podem acontecer em qualquer lugar onde se possa aprender algo significativo. Assim, os alunos podem ir ao zoológico para ter aulas de biologia, ou ao museu de arte, ou a uma indústria etc.

A escola entra em contato com esses estabelecimentos e pergunta sobre sua disponibilidade para oferecer supervisão pessoal aos alunos, recursos e espaço. Eles são vistos como parceiros no processo pedagógico e não como meros locais para visitas esporádicas e divertidas.

O AGENTE DE VIAGENS EM AÇÃO

No capítulo anterior, descrevi uma classe de primeiro ano em Montana e esbocei o processo que a professora adota para escolher objetivos em conjunto com cada aluno. Interrompi a descrição no ponto em que alguns alunos disseram à professora que gostariam de aprender o som de seis consoantes. Agora gostaria de retomar a descrição para dizer o que acontece daquele ponto em diante, pois acredito que isso ilustrará algumas das sugestões que fiz neste capítulo.

Uma vez estabelecido o objetivo de aprender o som de seis consoantes, a professora tem várias opções:
1. Ela verifica se há jogos disponíveis que ajudem os alunos a se familiarizar com os sons consonantais (há vários disponíveis no mercado norte-americano). Se esses jogos exigem número maior de jogadores, ela pode convidar outros da classe, perguntando se

CAPÍTULO 5 | Criando uma comunidade de aprendizado interdependente

alguém tem interesse em aprender os sons das consoantes para começar a aprender a ler.
2. Ela verifica se dispõe de materiais pedagógicos que possam auxiliar os alunos nesse aprendizado.
3. Ela verifica se há outros alunos na classe que já sabem os sons das consoantes escolhidas e que estão dispostos a ensinar os colegas que querem aprender.
4. A professora verifica se ela mesma tem tempo disponível para ensinar os sons aos alunos.

Essa professora de Montana me contou que, em geral, no segundo dia de aula todos os alunos já escolheram ao menos um objetivo e começaram a trabalhar em direção a ele. Como é medido o progresso dos alunos que quiseram aprender o som de seis consoantes? Digamos que eles resolveram jogar um jogo de Bingo das Consoantes. Depois vieram até a professora e disseram: "Já sabemos o som das seis consoantes".

Se a professora ainda não desenvolveu recursos para que os alunos avaliem seu próprio aprendizado, poderá verificar se de fato aprenderam o som das seis consoantes. Se eles mostrarem que realmente já sabem os sons das seis consoantes, ela fará um registro no caderno do aluno. Assim que o aluno aprender a escrever, ele será responsável por registrar pessoalmente os objetivos alcançados. A cada trimestre, espera-se que os alunos organizem uma reunião entre pais, professores e alunos. Eles presidem a reunião e usam seus cadernos para relatar aos pais e professores o que aprenderam até o momento.

Todos os alunos da classe seguem o mesmo procedimento. À medida que terminam de estudar um assunto e alcançam seu objetivo, eles ou seu professor registram isso no caderno e, em seguida, voltam a escolher outro objetivo junto com o professor. O processo recomeça. Se o professor percebe que um aluno está trabalhando muito na leitura, mas evitando a matemática, ele manifesta preocupação sobre esse desequilíbrio e incentiva o aluno a se dedicar aos objetivos de matemática. Contudo, em momento algum o professor impõe objetivos aos alunos.

Os pais nessa escola de Montana gostaram muito da liberdade e flexibilidade dessa abordagem pedagógica. Ficaram também muito satisfeitos por ver que seus filhos aprendiam e mostravam prazer em estudar. Na verdade, os pais estavam tão contentes que pediram à escola para deixar seus filhos ficar com a mesma professora mais um ano a fim de continuar nesse programa. Tenho a alegria de dizer que o Conselho da escola apreciou tanto os resultados obtidos pela professora, que pediu a ela que aconselhasse outros professores que gostariam de adotar o mesmo método de ensino.

Sei que estou propondo algo que vocês conhecem bem. E já posso imaginar suas objeções, dependendo de onde está localizada sua escola e quais são os recursos disponíveis.

Se por algum motivo os levei a pensar que é fácil transformar uma escola de dominação em uma escola que torna mais plena a vida, preciso garantir a vocês que não é. Estive envolvido pessoalmente nesse esforço e me decepcionei com muitas tentativas malogradas, portanto, sei como pode ser desafiadora esta empreitada. Nunca é fácil nadar contra a corrente, ir contra a ordem estabelecida, o sistema tradicional.

A minha proposta de uma educação para tornar a vida mais plena é eficaz não por causa dos aspectos técnico-pedagógicos:

CAPÍTULO 5 | Criando uma comunidade de aprendizado interdependente

os materiais que facilitam a autoavaliação, o ensino por colegas e a ideia do professor como agente de viagens. O que fará com que esses métodos funcionem, não apenas em algumas escolas isoladas mas em todas as escolas, é aquilo que está no cerne das escolas e organizações para uma vida mais plena: o objetivo de nos ajudarmos mutuamente, de tornarmos a vida um do outro mais encantadora, algo que caracteriza uma comunidade de aprendizado interdependente.

Ao utilizar as habilidades de Comunicação Não Violenta, ao perguntar constantemente a alunos, professores, administradores e a nós mesmos: "O que você está sentindo, de que precisa?", é possível de fato atender às necessidades de todos. O objetivo não mais será o de meramente reduzir a violência e o vandalismo, manter as crianças na escola o maior tempo possível, obter notas mais altas nos exames nacionais, conseguir que mais alunos cheguem à faculdade, ou melhorar as notas no SAT [Prova correspondente ao nosso ENEM].

Para alunos e professores, não haverá apenas duas opções: submissão ou rebeldia. Quando existe apenas um objetivo, o de atender à necessidade de todos, consegue-se transformar as salas de aula e as escolas. Isso porque acabamos descobrindo que todos os humanos têm as mesmas necessidades.

CAPÍTULO 6

TRANSFORMANDO AS ESCOLAS

OS PROBLEMAS A ENFRENTAR

É EVIDENTE que precisamos de organizações radicalmente diferentes daquelas que agora controlam a qualidade de vida no nosso planeta. Milhões de pessoas morrem de fome todos os anos, mesmo que a Terra ofereça alimento suficiente para todos. Vivemos em meio a uma terrível violência psicológica, física e institucional.

Concordo com o psicólogo George Miller quando ele afirma: "Os problemas mais prementes do nosso mundo atual são os problemas que nós mesmos criamos. Eles não foram causados por uma natureza inanimada, perniciosa e inconsciente, nem nos foram impostos como punição pela vontade de Deus. São problemas humanos cujas soluções exigirão de nós mudar o nosso comportamento e transformar as instituições sociais".

A educação para uma vida mais plena se concentra em encontrar maneiras pelas quais os professores possam oferecer oportunidades de aprendizado que empodere os alunos, para que se tornem uma força ativa na resolução dos problemas da humanidade. Eles podem aprender como tornar mais plena sua própria vida e ajudar os outros a fazer o mesmo.

ORGANIZAÇÕES DE DOMINAÇÃO

Como chegamos aos problemas humanos que criam sofrimento desnecessário e à violência de proporções epidêmicas? Em seus livros *O cálice e a espada* e *O poder da parceria*, a historiadora cultural e filósofa da evolução Riane Eisler nos mostra que há milhares de anos trava-se uma luta entre o que chama de modelo de parceria e modelo de dominação. Em *O cálice e a espada*, estudo de um período de 30 mil anos da evolução humana, Riane Eisler, que passou pelo horror de fugir dos nazistas na infância, demonstra que nossos problemas surgiram ainda na pré-história, quando a cultura de dominação conquistou e suprimiu a cultura de parceria.

Com fundamento na pesquisa de Eisler, o escritor e teólogo Walter Wink também sustenta que há mais de 10 mil anos, na maior parte do nosso planeta, as organizações humanas têm funcionado como "organizações de dominação" que controlam a espiritualidade, as estruturas sociais, a educação e o desenvolvimento humano (*The Powers That Be*, 1999). Wink define as organizações de dominação como aquelas onde há distribuição desigual de recursos e privilégios, relações de poder hierárquicas e o uso da violência para manter a ordem. São sistemas em que uns poucos dominam a maioria. Há exemplos desse tipo de sistema em famílias patriarcais, escolas, organizações religiosas, locais de trabalho e no governo. Todos operam pelas mesmas regras.

Assim como Eisler, Wink diz ainda que tais sistemas se baseiam em uma espiritualidade que retrata os humanos como sendo essencialmente egoístas e violentos. Com base nesse pressuposto, são necessários sistemas de dominação onde os menos vis controlam os demais. Ao longo dos séculos, tem havido bastante disputa para saber quem fica no alto da hierarquia.

Aqueles que controlam os demais o fazem utilizando táticas características do "poder sobre", ou seja, punições e recompensas, para colocar de um modo bem simples. Eles punem os desobedientes – pois este seria o único modo de educar as pessoas, ensinar-lhes uma lição, mostrar como são más, e quem merece o quê. Essa visão da natureza humana justifica a dominação e o controle por aqueles que alegam ser superiores.

Wink não está se referindo apenas a governos totalitários, como o da Alemanha nazista, ao escrever sobre os sistemas de dominação. Mesmo nos Estados Unidos é possível encontrar exemplos abundantes de grupos privilegiados que ocupam cargos de poder, que conseguem os melhores empregos, vivem nos melhores bairros e, é claro, recebem a melhor educação, como se isso fosse um direito conquistado. Tais fatos desmentem o mito de que aquele é um país de oportunidades iguais para todos.

Ao nos darmos conta do poder dos sistemas de dominação, é mais fácil enxergar que a migração para sistemas que tornam mais plena a vida oferecerá oportunidades ampliadas de atender às necessidades de todos os cidadãos. Pessoalmente, gostaria de ensinar a esta e a futuras gerações de crianças como criar organizações cujo objetivo é atender às carências humanas e tornar a vida mais encantadora para nós e para os outros. A partir dessa consciência, a educação de nossas crianças se revela o lugar ideal para começar a mudança.

RESOLUÇÃO DE CONFLITOS

Existem duas questões fundamentais na escola: como manter a ordem e como resolver conflitos. Um dos elementos necessários à criação de uma escola que torna mais plena a vida é a habilidade de resolver conflitos de modo mutuamente satisfatório. Nas escolas de dominação, os professores e administradores pensam, com base na sua experiência cultural, que "sabem o que é melhor" para o aluno, e criam regras e regulamentos sancionados por punições e recompensas. Neste método regido por regras e regulamentos, os professores e administradores podem ou não consultar os alunos. Contudo, no final das contas, professores e administradores acabam decidindo unilateralmente, entendendo que têm o direito de fazê-lo por causa de sua experiência e formação.

Na educação para uma vida mais plena, as regras e os regulamentos necessários para manter a ordem são determinados através de diálogo e cooperação entre funcionários e alunos, respeitando-se as necessidades de todos. Esse processo não requer que ninguém ceda, desista ou barganhe.

Para resolver os conflitos dessa maneira, é preciso que funcionários e alunos pratiquem a CNV. Todos precisam aprender a fazer a conexão com os sentimentos e necessidades dos outros. Depois de estabelecer essa conexão, os dois lados se empenham na resolução do problema para encontrar ações que podem ser adotadas a fim de atender às necessidades de todos os envolvidos.

Antes de levar a cabo uma dessas ações, é importante que a pessoa concorde e verifique interiormente se está agindo pela motivação de atender a necessidades – e não para evitar punição, culpa ou vergonha. A pessoa também não deve agir por dever ou obrigação, nem para conseguir uma nota alta ou qualquer outra compensação extrínseca.

Os indivíduos que têm objeções a manter a ordem e resolver conflitos dessa maneira muitas vezes apresentam alegações como: "Essas crianças têm de aprender a respeitar as autoridades!". Em geral, eu respondo: "Você quer ensinar as crianças a respeitar a autoridade, ou quer que elas tenham medo do que você pode fazer quando tem uma posição de autoridade?". Muitos de nós, educados no sistema da dominação, nem sequer percebem a diferença entre as duas atitudes. Minha definição de respeito à autoridade seria a seguinte: numa classe, se um professor sabe algo que os alunos valorizam e se oferece para ensinar esse assunto sem coibir seus alunos, eles aprenderão a ter respeito pela sua autoridade. Mas, nesse caso, o professor conquistou esse respeito, não o exigiu. O aluno é a autoridade final que decide se o professor tem autoridade ou não. Esta é uma verdade que se verifica claramente todos os dias. É fácil conseguir um simulacro de respeito, mas que na verdade é medo. Basta dar às pessoas nos cargos elevados o poder legal de administrar punições e recompensas.

Outro modo de descrever essa distinção é através da comparação entre autodisciplina e obediência. Se você quer obediência, punições e recompensas funcionam muito bem. O cão aprende a obedecer dessa maneira. Se colocarmos uma barata num labirinto em forma de T e dermos comida quando ela vira para a direita e um choque elétrico quando ela vira para a esquerda, ela aprende a obedecer. No entanto, se o que você deseja é ensinar autodisciplina, sugiro que não use estas táticas coercitivas, pois elas serão contraproducentes. Um aluno ou funcionário autodisciplinado age em função da consciência de valores próprios, age por sentir que suas ações estão contribuindo para seu próprio bem-estar e o dos demais. Ele não age por desejar uma recompensa ou temer uma punição.

Muitos professores ficam estarrecidos quando proponho que não motivem seus alunos usando punição, recompensa, culpa ou vergonha, nem senso de obrigação ou dever. "O que me resta?", perguntam eles. O recurso de que dispomos são as conexões interpessoais e o desejo de contribuir para a nossa realização e o bem-estar dos outros. Na minha experiência, essas necessidades humanas básicas podem ser atendidas aprendendo a usar as habilidades da Comunicação Não Violenta. Contamos aos alunos aquilo que consideramos precioso, bom, e os motivos pelos quais gostaríamos que eles vissem o valor daquilo. Em troca, escutamos seus sentimentos e necessidades.

Observem que isso exige que os professores sejam fluentes em Comunicação Não Violenta, mesmo quando seus alunos vêm de escolas anteriores onde reinava o sistema da dominação. A autodisciplina em substituição à obediência (ou desobediência) não surge da noite para o dia. Muitas vezes, as primeiras semanas numa instituição que caminha para se tornar uma escola para uma vida mais plena podem ser caóticas.

Certa vez, fui convidado a ajudar a criar uma escola assim para alunos que tinham sido expulsos de outras instituições, ou que tinham desistido de estudar. Queríamos demonstrar que a educação para uma vida mais plena conseguiria acolher alunos com os quais a escola pública não conseguia lidar. Meu papel era preparar os professores para trabalhar nessa escola. Por razões financeiras, eu tinha apenas quatro dias para treinar os professores. Por esse motivo, não consegui dar a eles a formação em profundidade que gostaria. Aliás, eles nem sequer eram pedagogos. Por causa da limitação de recursos, havíamos recrutado voluntários nas universidades para servir como professores nessa escola. Tínhamos crianças que a escola pública não conseguia acolher e um grupo de voluntários de bom coração. E eu precisei formá-los em quatro dias.

Não é surpresa, portanto, que alguns dos professores não compreendiam como estabelecer regras e regulamentos nem resolver conflitos da maneira como sugeri.

Nos primeiros dias de aula, eu estava fora da cidade. Quando voltei, recebi uma mensagem urgente do diretor: "Venha aqui o mais depressa possível! Estão pensando em fechar a escola. Está um caos!". Fui correndo até lá. Os pobres professores pareciam ter envelhecido vinte anos em uma semana.

Quando o diretor me contou o que estava acontecendo, eu disse: "Ponha umas dez dessas crianças numa sala comigo, as que estão criando mais problemas, assim conseguiremos colocar um pouco de ordem na escola".

O diretor escolheu oito alunos, entre 11 e 14 anos de idade. Comecei me apresentando aos alunos e continuei com o diálogo a seguir:

MR: Fiquei chateado quando os professores me contaram que as coisas estão ficando muito confusas em algumas classes. Quero muito que esta escola seja um sucesso. Vocês podem me dizer o que está acontecendo para que eu consiga consertar essa situação?

Guilherme: Os professores desta escola são uns tontos, cara.

MR: Não ficou claro para mim, Guilherme, o que eles estão fazendo que passou essa impressão? Você pode me dar um exemplo?

Guilherme: Não importa o que os alunos façam, eles só ficam por aí sorrindo igual uns idiotas.

MR: Será que você está desgostoso porque queria um pouco mais de ordem na escola?

Guilherme: Isso mesmo, cara. Não importa o que qualquer um faça, eles ficam ali sorrindo que nem uns bobões. Tipo, ele [apontando para um dos alunos do grupo] veio para a escola com um litro de whisky no bolso de trás da mochila. O professor estava na porta, viu e fingiu que não tinha visto. Ficou ali sorrindo e dizendo "Bom dia, bom dia!".

Nesse momento todos entraram na conversa e começaram a dar um exemplo atrás do outro da passividade dos professores.

MR: Certo. Muito obrigado. Já é suficiente. Vocês responderam à minha pergunta, mas agora eu quero a ajuda de vocês para criar ordem nesta escola.

José: Os professores têm que ter uma vara (que, naquele tempo, os administradores carregavam nas escolas públicas daquela região para administrar punições físicas).

MR: José, você está sugerindo que deseja que os professores batam nos alunos se eles incomodarem os outros?

José: É o único jeito para fazer eles (os alunos) parar.

MR: Fico desanimado ao ouvir que essa é a única maneira. Fico preocupado com esse modo de resolver os problemas e gostaria de saber se existem outras maneiras.

Eduardo: Por quê?

MR: Por vários motivos. Por exemplo, se eu conseguir que vocês parem de fazer confusão na escola batendo em vocês com uma vara, o que vai acontecer se três ou quatro em quem eu bati me esperarem do lado do meu carro na hora da saída?

Eduardo (sorrindo): É melhor você ter uma vara bem grande, cara.

MR: Isso é o que me incomoda nesse modo de pôr ordem na bagunça. Isso nos transforma em inimigos. Lembrem-se: quando convidamos vocês para frequentar esta escola, dissemos que queríamos criar uma escola onde todos trabalham juntos de modo cooperativo. Se impusermos a ordem batendo nas pessoas, acho que não teremos boas conexões entre professores e alunos, que é justamente o que desejo para esta escola.

Eduardo: Então expulse os encrenqueiros da escola.

MR: Essa ideia também é desanimadora para mim. Quero mostrar que há maneiras de resolver disputas na escola sem excluir ninguém.

Guilherme: Se um cara não tá fazendo nada e só criando problema, você podia mandar ele para uma "Sala de não fazer nada".

MR: Não sei se entendi direito o que você está sugerindo, Guilherme. Poderia explicar melhor?

Guilherme: Às vezes a gente vem pra escola e não tá com vontade de fazer nada, só quer arrumar encrenca. Se o teu pai te bate um monte logo cedo, então não dá vontade de fazer nada, só de arrumar encrenca. Então, podia ter uma sala pra gente ficar até dar vontade de voltar e fazer a lição. (Percebi pela linguagem corporal que os outros alunos compreenderam e aprovaram a sugestão do colega.)

MR: Será que o que você está sugerindo, Guilherme, é que, se alguém tem um comportamento que atrapalha os outros e não os deixa estudar, a gente convidaria essa pessoa a ir para essa sala?

Guilherme: Isso mesmo. Não adianta ficar na classe se não estão fazendo nada e ainda arrumam problema.

MR: Gosto muito dessa ideia, se conseguirmos mostrar para os alunos que estão impedindo os outros de estudar que o tempo na outra sala não é uma punição, mas simplesmente uma maneira de proteger o direito daqueles que querem aprender.

Depois de mais um pouco de conversa, todos concordamos que os alunos que estavam comigo naquela sala ficariam encarregados de visitar todas as classes e sugerir que tentássemos implementar o plano sugerido. Se alguém estivesse muito inquieto e sem conseguir fazer a lição, se seu comportamento estivesse atrapalhando o estudo dos demais, o professor pediria que fosse até a "Sala de não fazer nada", onde poderia ficar até estar pronto a voltar para a aula sem atrapalhar os outros.

Enfatizei bastante que era importante que os alunos explicassem aos colegas que a regra era sugestão de Guilherme (e não criada unilateralmente pelos professores e a administração). Também ressaltei a importância de esclarecer que a intenção era somente proteger os alunos que queriam aprender – e não punir os alunos que não estavam com vontade de estudar.

Os jovens fizeram um ótimo trabalho e deixaram essas duas questões bem claras ao comunicarem a proposta às classes. O plano funcionou maravilhosamente e as turmas ficaram mais tranquilas. Escolhemos uma sala para ser a "Sala de não fazer nada". Se um aluno atrapalhasse os outros, o professor (e por vezes o aluno que estava incomodado) pedia ao colega agitado para ir para a "Sala de não fazer nada". Na verdade, ali havia muito que fazer, pois disponibilizamos música, livros etc. Queríamos fazer todo o possível para comunicar que a intenção de ser convidado a ir para aquela sala não era punitiva.

Aquela sala foi palco de muitas conversas benéficas. Os alunos que criavam confusão na classe eram, em geral, pessoas que passavam por muito sofrimento e dificuldades, condições que os levavam ao comportamento transgressor. Escolhemos para ficar nessa sala um professor que tinha boas habilidades de escuta, e ali esses talentos foram muito bem aproveitados. Nas primeiras duas semanas depois da criação da regra, a sala vivia lotada. Contudo, repentinamente foi diminuindo cada vez mais o número de alunos cujo comportamento provocava o convite para ir à "Sala de não fazer nada".

Muitas vezes, quando conto esta história e chego na parte da vara, alguém me diz: "É evidente. Isso demonstra que as crianças querem ser punidas quando fazem algo errado. É assim que se mostra o quanto nos importamos com elas". Compreendo por que algumas pessoas acreditam nisso – é porque enxergam apenas duas escolhas: a ordem ou o caos. A anarquia, a ausência de ordem, é algo assustador. Se as crianças pensam que a escolha é entre a permissividade (que resulta em anarquia) ou a punição (que resulta em ordem), segundo minha experiência, mesmo o aluno que vai apanhar mais preferiria a vara ao caos. Mas, felizmente, há uma terceira alternativa: regras criadas em conjunto.

Quando as regras são criadas por aqueles que serão afetados por elas, e não impostas unilateralmente por alguma autoridade; e se todos percebem que a intenção é de proteger e não de punir, essas regras têm mais probabilidade de serem respeitadas. Isso vale para pessoas de qualquer idade. Prova disso é a quantidade de adultos que ultrapassam o limite de velocidade ao dirigir.

MEDIAÇÃO

Se os participantes de um conflito na sala de aula carecem das habilidades de comunicação necessárias para resolver a questão, terceiros podem ser convocados como mediadores. Por exemplo, numa escola em Israel onde foram adotados os princípios para tornar mais plena a vida expostos neste livro, observei dois garotos de 10 anos solicitando a ajuda de um "pacificador" (esse é o nome que eles dão aos mediadores naquela escola). Os dois brigaram no pátio e não estavam conseguindo resolver a disputa sozinhos, portanto, resolveram pedir ajuda ao pacificador.

O pacificador de plantão naquele dia era um garoto de 11 anos. Quando todos se sentaram, o pacificador perguntou ao primeiro garoto: "Observação?".

O menino sabia que isso era um pedido para dizer o que ele observara no comportamento do outro e que não estava em harmonia com suas necessidades. Ele respondeu: "Ele me empurrou sem motivo nenhum no pátio e eu caí". O pacificador chamou a atenção do garoto para o termo "sem motivo nenhum" e disse que isso era uma avaliação e não uma observação. O garoto se corrigiu e disse: "Ele me empurrou e eu caí no pátio".

Pacificador: Sentimentos?

Garoto 1: Estou magoado.

Pacificador: Necessidades?

Garoto 1: Quero ser tratado com respeito.

Pacificador: Pedido?

Garoto 1: Quero que ele me diga por que me derrubou.

Em seguida, o pacificador se voltou para o segundo garoto e pediu a ele para repetir as observações, sentimentos, necessidades e pedidos do primeiro. Ele fez isso com facilidade. Caso não conseguisse, o pacificador saberia como ajudá-lo a espelhar com precisão o que o primeiro garoto tinha dito, pois havia sido treinado para o cargo. Depois, o pacificador perguntou ao primeiro garoto se ele se sentia compreendido, e ele respondeu que sim.

Chegou a vez do pacificador voltar-se para o segundo garoto e pedir que este explicitasse observações, sentimentos, necessidades e pedidos – em seguida solicitando ao primeiro que parafraseasse o que o segundo tinha dito. Depois que os dois garotos demonstraram que compreendiam o que o outro disse, o pacificador perguntou a ambos se eles conseguiam imaginar uma maneira de atender às necessidades de todos. Eles gastaram apenas alguns minutos para encontrar uma solução mutuamente satisfatória.

No final, o pacificador perguntou como se sentiam e o primeiro respondeu: "Eu me sinto bem. Ele era meu amigo antes dessa briga e eu não queria perder a amizade dele". Os dois meninos e o pacificador voltaram para suas respectivas classes.

COMUNICAÇÃO NÃO VIOLENTA NA EDUCAÇÃO – "VOCÊ ESTÁ MORTA"

Uma psicóloga, que atende alunos do ensino médio, facilita um grupo de estudos de CNV semanal para estudantes interessados. Uma das alunas desse grupo, Kim, apareceu certo dia na sala da psicóloga e parecia estar muito perturbada. A psicóloga pediu que se sentasse e contasse o que estava acontecendo. Kim disse que Tess, uma colega que não pertencia ao grupo de CNV, tinha acabado de cruzar com ela no corredor e dito "Você está morta". Kim relatou que já houvera outras interações tensas com Tess, mas que, desta vez, ela estava assustada.

Psicóloga: Nossa, Kim Você está tremendo

Kim (fazendo que sim com a cabeça e respirando fundo para se acalmar): É, estou com medo. E se ela realmente pretende me matar?

Psicóloga (ouvindo com empatia o que Kim está sentindo e precisando): Você está tentando imaginar o que passou pela cabeça de Tess quando falou aquilo? Você quer saber se ela realmente está pensando em machucar você?

Kim: Ela teria como fazer isso. Ela tem amigos. E parecia estar furiosa.

Psicóloga (tentando entender melhor a situação): Estou curiosa para saber o que motivou essa reação nela. Você sabe?

Kim: Ela está com raiva por causa de uma coisa que eu disse sobre ela para algumas pessoas.

Psicóloga: Entendi.

Kim: É verdade que eu falei... mas ela também fala de mim. Um monte de coisas! [Ficando com raiva.] Ela não tem o direito de me ameaçar de morte!

Psicóloga (ouvindo os sentimentos por baixo da raiva de Kim): Te apavora imaginar que ela realmente quer fazer o que disse?

Kim: Sim! Não quero que me machuquem!

Psicóloga (refletindo sobre a necessidade de Kim): Sim. Você quer estar em segurança?

Kim: Sim. Eu só quero viver a minha vida, vir para a escola, não ter que ficar com medo até da minha própria sombra.

Psicóloga: Parece que você quer ter segurança suficiente para poder colocar sua atenção em outras coisas na escola, além de se preocupar com sua segurança. Como sua lição, os amigos e o futebol...?

Kim: Exato. Tudo isso está sendo uma perda de tempo. Não sei como a situação ficou tão complicada! Sei que em parte é minha culpa porque eu falo mesmo umas besteiras a respeito dela. Não sei por que faço isso. É uma idiotice.

Psicóloga (traduzindo os julgamentos de Kim em termos de sentimentos e necessidades): Me parece que você está arrependida da sua parte nesta história, e gostaria de ter um comportamento diferente no futuro?

Kim: Sim. Na verdade, eu não quero fazer fofoca sobre os outros. Todo mundo acaba se prejudicando. A Tess fala de mim nas minhas costas e eu detesto isso.

Psicóloga: Acho que você percebeu como é doloroso para todos quando falamos dos outros dessa maneira?

Kim (fazendo que sim com a cabeça): Sim. Eu quero pôr um fim nisso.

Psicóloga (percebendo que Kim relaxou depois de ter recebido toda a empatia de que precisava, passa a expressar seus próprios sentimentos e necessidades): Fico muito aliviada e animada ao ouvir você dizer isso porque estou certa de que fazendo as coisas de outro modo você conseguirá acabar com o conflito entre você e Tess; para usar suas próprias palavras – curar em vez de machucar. Tudo começa, como você já sabe, com o desejo de estabelecer uma conexão. Será que você está pronta para tentar se conectar com a Tess hoje? Ou você precisa que eu entenda mais alguma coisa?

Kim (depois de um momento de autoexame): Acho que estou pronta. Mas tenho medo de falar com ela. Quero que você fique junto comigo.

Psicóloga: Será um prazer estar com vocês. Gostaria de ouvir você dizendo a ela o que sente e o que quer, igualzinho ao que você contou para mim. E acho que ela deve estar precisando de empatia antes de conseguir realmente escutar o que você tem a dizer. Você está disposta a fazer a conexão com os sentimentos e necessidades dela neste caso?

Kim: Eu quero pelo menos tentar.

A psicóloga marcou um horário no fim do dia para um encontro entre Tess e Kim no seu escritório. Kim chegou primeiro e já estava sentada quando Tess abriu a porta e espiou lá dentro. Tess olhou raivosamente para Kim, depois entrou e se sentou numa cadeira de frente para Kim. Seus ombros estavam encolhidos, os braços cruzados na frente do peito, e o olhar fixo no chão.

Psicóloga: Fico feliz que vocês duas tenham conseguido vir. Acho que devem estar um pouco receosas de estarem juntas aqui e imaginando como vai ser este encontro. Tess, primeiro gostaria de dar a você um pouco do histórico. Hoje de manhã Kim veio me procurar, pois precisava de alguém que a escutasse e tivesse empatia. Estava muito agitada por causa do que aconteceu entre vocês. Depois de receber toda empatia de que precisava, disse que queria falar com você. Me pediu para ficar e ajudá-las a se escutarem mutuamente, da maneira que vocês duas gostariam de ser escutadas, para conseguirem chegar aos sentimentos e necessidades mais profundos de vocês. Eu faço isso ajudando vocês a traduzir tudo o que possa soar como crítica ou culpa para uma linguagem de sentimentos e necessidades no momento presente. O que você acha?

Tess (ainda olhando para o chão): Tudo bem.

Psicóloga: Ótimo. Aqui vocês estão em segurança. Então, por favor, qualquer uma de vocês, digam se estiverem se sentindo desconfortáveis com o andamento da nossa conversa. Certo?

As duas fizeram que sim com a cabeça.

Psicóloga: Então, Kim, será que você poderia começar contando à Tess o que está sentindo e quais são suas necessidades?

Kim: Certo. Tess... estou me sentindo um pouco assustada agora, mas não tanto como hoje de manhã no corredor quando você me disse "Você está morta". Vim procurar a Paula (psicóloga) porque ela me ajuda a organizar minhas ideias escutando o que eu digo. O que vejo agora é que quero parar essa guerra entre nós.

Psicóloga: Então, Kim, o que você gostaria da Tess agora em relação ao que você disse? [Relembrando Kim de que era o momento, depois de dizer aquilo, de verificar se Tess estava compreendendo a mensagem até agora.]

Kim: Acho que gostaria de saber o que você sentiu quando eu disse isso.

Tess (pela primeira vez levantando o olhar e fixando-o em Kim): As coisas que você disse a meu respeito são mentira e agora todo mundo está acreditando.

Observação: A resposta de Tess não respondeu à pergunta de Kim. Em vez disso, Tess expressou sua dor, deixando claro que sua necessidade agora é de empatia.

Kim (deixando de lado a expressão e oferecendo escuta): Parece que você está com raiva por causa do que eu disse. Você quer que as pessoas saibam a verdade e não acreditem em coisas ruins que não são verdade.

Tess: É isso mesmo. As pessoas estão com raiva de mim agora, até meu namorado, por causa do que você disse.

Kim: É horrível quando as pessoas mais próximas ficam com raiva da gente. E é frustrante porque o motivo é uma coisa que não é verdade. É isso?

Tess: É. Por que você disse aquelas coisas?

Kim (respirando fundo para se conectar consigo mesma): Aquilo que eu disse sobre você, eu não tinha certeza se era verdade ou não. E por que falei aquilo? Acho que eu estava sofrendo muito por causa de coisas que você disse e do clima entre nós. Quando eu disse aquilo, eu só queria dar o troco... Você entende?

Tess: Sim. Eu sei como é sofrer e querer dar o troco. Dá um alívio por algum tempo.

Kim: Isso mesmo. Estou triste que tenhamos sofrido tanto, nós duas. Queria não ter dito o que disse... e me arrependo de outras coisas que falei também. Queria pôr um fim a essa briga e ver se conseguimos ficar bem.

CAPÍTULO 6 | Transformando as escolas

> Tess: E as mentiras a meu respeito, que as pessoas estão acreditando?
> Kim: Você gostaria de conversar sobre o que podemos fazer para desmentir?
> Tess: Gostaria. Você acha que é possível?
> Kim (agora sorrindo, com lágrimas nos olhos): Acho sim.
>
> Esse diálogo demonstra como uma situação muito "carregada" e possivelmente perigosa pode ser desarmada com uma conversa relativamente breve onde se trocam empatia e honestidade. O nível de confiança e conexão criados nessa conversa entre Kim e Tess é comum nos diálogos de CNV, embora o processo possa levar mais tempo e demandar mais trocas em certas situações. Como se vê deste exemplo, a conexão pode ser estabelecida mesmo quando apenas um dos envolvidos no diálogo conhece a CNV.

EVITANDO JULGAMENTOS MORALISTAS E DIAGNÓSTICOS

O processo de comunicação que empodera as pessoas e as capacita a resolver conflitos de modo a atender às necessidades de todos é dificultado por professores formados no sistema de dominação, que aprenderam a fazer julgamentos moralistas e diagnósticos dos alunos. Os julgamentos moralistas e diagnósticos sugerem que há algo de errado com o aluno que não aprendeu ou não cooperou, ou que de alguma maneira deixou de agir em harmonia com as necessidades do professor.

Observei cinco tipos de categorias diagnósticas comumente usadas por professores para explicar o comportamento de alunos que não estão agindo como o professor desejaria.

Categoria diagnóstica nº 1: dificuldades de aprendizado ou necessidades especiais

Vejo os professores usando este diagnóstico para descrever alunos que eles veem como incapazes de aprender, ou que não estão aprendendo tão rápido como o professor gostaria.

Categoria diagnóstica nº 2: distúrbios comportamentais

Vejo os professores usando este diagnóstico para descrever alunos que consideram capazes de aprender, porém carentes da motivação ou do autocontrole necessários para estudar. Sugere-se com este diagnóstico que a criança não foi disciplinada em casa e tem problemas de "caráter".

Categoria diagnóstica nº 3: distúrbios emocionais

Vejo os professores usando este diagnóstico para descrever alunos que eles consideram capazes de aprender, mas que têm patologias emocionais que os impedem de fazê-lo, em geral resultado de estarem em "famílias disfuncionais".

Categoria diagnóstica nº 4: defasagem cultural

Vejo os professores usando este diagnóstico para descrever alunos que eles consideram intelectualmente capazes, mas cuja experiência cultural não os preparou o suficiente para ter um bom desempenho na escola.

Categoria diagnóstica nº 5: transtorno de deficit de atenção / hiperatividade

Vejo os professores usando este diagnóstico para descrever alunos com energia sobrando e que parecem não conseguir se concentrar em nada por um período mais prolongado. Há alunos que entram na classe já rotulados. Os pais chegam a mandar os filhos para o pré-escola com Ritalina na mochila, pois a criança já foi diagnosticada com TDAH no jardim de infância.

Qualquer um que tenha passado pela escola onde eu estudei, será levado a acreditar que existem alunos com "necessidades especiais", e que alguns são "bons em matemática" ou "ruins em matemática", outros "leem mal" ou "são ótimos de leitura". Por esse motivo, muitos bons alunos têm uma imagem negativa de si mesmos e se preocupam: "Será que as pessoas pensam que eu sou burro?".

Quando o foco de nossa atenção recai naquilo que os outros pensam de nós e no que nós mesmos pensamos ao cometer erros, qualquer tipo de aprendizado se torna aterrorizante. Por isso, cerca de 15% dos estudantes adotam a seguinte filosofia: Ninguém cai da cama se dormir no chão. Muitos dos que chamamos de alunos de baixo potencial têm tanto medo de não acertar que decidem que é mais fácil e seguro não fazer nada.

Concordo com Kenneth Clark quando diz que tais categorias diagnósticas não raro se tornam profecias autorrealizáveis:

> [...] *quando se organiza um sistema educacional de modo que as crianças são colocadas em trilhas distintas, ou onde certos julgamentos sobre sua habilidade determinam o que faremos por elas e quanto lhes será ensinado ou não, parece*

que os resultados acabam justificando os pressupostos, e isso é um terror.* A utilização de testes de inteligência, cujas notas marcam as crianças para o resto da vida, e a determinação da vida escolar com base em percursos fixos, reunindo as crianças em grupos homogêneos, impõem ao sistema das escolas públicas uma hierarquia social intolerável e antidemocrática, que liquida com o propósito inicial da educação pública para todos. Esse modo de proceder induz e perpetua a própria patologia que se propõe a remediar. Uma criança que é tratada como não educável acaba se tornando não educável... muitas crianças hoje são sistematicamente categorizadas, classificadas em grupos, rotuladas como "lentas", "brilhantes", "medianas" etc. Independentemente da classificação, significa que, se ninguém ensinar a matéria a elas, elas não aprenderão. (Dark Ghetto, 1965, p. 128)

Observei que os professores não se sentem estimulados a buscar oportunidades de desenvolver ações construtivas diante de tais diagnósticos. Aliás, outro perigo que vejo nesses diagnósticos é a suposição tácita de que o professor, para se proteger de uma tarefa muito exigente, deva "passar o bastão" para outros. Por exemplo, quando os alunos são rotulados como tendo "dificuldades de aprendizagem", entende-se que devam ser encaminhados a um professor especial que está mais bem preparado para lidar com tais casos.

Quando um aluno foi rotulado como tendo "problemas emocionais", segue-se que deva ser encaminhado a uma

---

* Nos Estados Unidos o sistema educacional separa os alunos segundo seu desempenho acadêmico, colocando-os em trilhas distintas. Os alunos da turma avançada ficam na mesma classe dos demais para algumas matérias, mas são separados para outras, oferecendo a alunos com bons resultados aulas mais exigentes, e a alunos com pior desempenho aulas menos exigentes. [N. da T.]

assistente social, psicóloga ou psiquiatra, cujo trabalho é ajudá-lo a superar seus problemas para que possa voltar à sala de aula e aprender. Se os professores recebessem o apoio de que precisam na sala de aula, apoio provido por um sistema que valoriza seus esforços, eles poderiam ser empoderados a criar um ambiente de aprendizado positivo para atender a alunos com necessidades variadas.

O USO DA FORÇA PARA PROTEGER

Quando professores e alunos conseguem fazer uma conexão empática com os sentimentos e necessidades um do outro durante uma situação de conflito, em geral se chega a uma solução em que as necessidades de todas as partes são atendidas, ou ao menos as partes conseguirão concordar em discordar, porém, de boa vontade.

Contudo, em outras situações não há oportunidade para estabelecer esse tipo de diálogo, e o uso de força pode ser necessário para proteger a vida ou direitos individuais. Por exemplo, se um professor quer conversar com os alunos sobre algo que eles estão fazendo e que pode ser prejudicial a eles mesmos ou aos outros, mas os alunos não querem conversar. Ou quando há ameaça iminente de ferir alguém ou danificar propriedade alheia e não há tempo para dialogar. Nessas situações o professor pode recorrer à força. Nesse caso, é importante que o professor saiba a diferença entre força protetiva e força punitiva.

Uma maneira de distinguir entre as duas é examinar os pensamentos da pessoa que está usando de força. No caso de alguém usando força protetiva, ela não julga o outro de modo moralista. Ao contrário. Seus pensamentos estão voltados para a proteção do seu bem-estar e dos demais. Por exemplo, se um aluno muito jovem sai correndo em direção à rua, o professor que usa força protetiva estará pensando somente em protegê-lo, impedindo-o de correr para a rua e possivelmente chocar-se com um veículo. Isso pode ser feito sem recorrer ao uso punitivo de força, que poderia se manifestar como um tapa na criança ou um ataque psicológico na forma de uma fala como: "Você está louco, como pode ser tão idiota?", ou "Você devia ter vergonha de fazer uma coisa dessas!".

A ação punitiva se baseia no pressuposto de que as crianças agem de modo a prejudicar a si mesmas e aos outros porque são levadas e, no caso dos adultos, más. A consequência disso é que para corrigir a situação é preciso fazer o malfeitor enxergar o erro, se arrepender e mudar – tudo através de uma ação punitiva. Contudo, na prática, é raro que as coisas aconteçam como previsto. A ação punitiva, em vez de levar ao desejado arrependimento e aprendizado, frequentemente leva o malfeitor a se sentir ressentido e hostil, o que o tornará ainda mais resistente a mudar de comportamento.

O uso protetivo de força se baseia no pressuposto de que as pessoas agem de modo a prejudicar a si e aos outros por ignorância. Tal ignorância pode se manifestar de várias maneiras: não saber de que modo nossas ações estão afetando os outros; não saber como atender às nossas próprias necessidades sem violar as necessidades dos outros; ou contextos culturais onde se justifica violar as necessidades dos outros (por exemplo, achar que é justo que os outros sofram por seus malfeitos).

Outro modo de diferenciar entre o uso protetivo e o punitivo de força é pelo exame da intenção da pessoa que usa a força. A intenção de uma pessoa que usa força protetiva é impedir que alguém se machuque ou que os direitos de alguém sejam violados. A intenção por trás do uso punitivo de força é causar sofrimento a alguém porque suas ações são percebidas como erradas.

EXERCÍCIO 7 – USO PROTETIVO DE FORÇA VERSUS USO PUNITIVO DE FORÇA

A distinção mais importante entre o uso protetivo de força e o uso punitivo de força é que a única intenção da pessoa que usa força protetiva é evitar um dano, enquanto a intenção da pessoa que usa força punitiva é castigar (ameaçando ou punindo fisicamente, ou através de tentativas de envergonhar ou culpar alguém). Nas situações abaixo, circule o número em frente às ações do professor que são claros exemplos de força protetiva.

1. No recreio, a professora vê um aluno batendo no outro. Ela fica com medo de que alguém se machuque e diz ao aluno que bateu no outro para ir imediatamente para a sala da diretora até que ela possa encontrá-lo e conversar com ele.

2. O professor faz uma pergunta a um aluno e ele não responde. O professor pensa: "Que grosseria! Você vai ver!", e diz ao aluno para ficar depois da aula.

3. O pai de um aluno visita a classe para mostrar as fotos de uma viagem de férias ao Brasil. Durante a apresentação, um dos alunos começa a fazer barulho para atrair a atenção dos outros, mesmo depois de o professor pedir silêncio várias vezes. O professor, frustrado e querendo que o resto da classe desfrute da apresentação, diz ao aluno barulhento que se sente no corredor enquanto estiverem assistindo à apresentação.

4. Quando a professora repara que alguns alunos estão usando gravetos para espetar uns aos outros, ela diz a eles: "Parem agora antes que alguém se machuque. Quero que vocês fiquem sentados até que pensem numa maneira mais segura de brincar".

5. Uma professora diz ao aluno: "Durante toda a semana venho pedindo a você para parar de jogar a bola nos outros, mas você continua. Agora você vai passar os próximos dois intervalos na classe apagando a lousa".

6. A professora sai da sala por cinco minutos e, ao voltar, encontra os alunos correndo pela classe em vez de estarem lendo em suas carteiras, como havia solicitado. Ela diz: "Parece que vocês não sabem ficar na carteira, então vamos praticar assim: nos primeiros dez minutos do recreio vocês vão ficar aqui dentro sentados".

7. A professora diz aos alunos que está decepcionada com as notas baixas obtidas no exame. Ela então devolve as provas, falando em voz alta a nota de cada aluno ao entregar a correção. Para os alunos com a nota mais baixa, ela acrescenta um gesto de desaprovação.

8. Um aluno corre muito rápido pelo corredor e tromba com o professor no meio do caminho. O professor o faz parar e sentar. Ele então explica o motivo pelo qual é proibido correr dentro do prédio da escola, citando os ferimentos que já foram causados por crianças correndo pelos espaços internos.

Estas são as minhas respostas do exercício 7:

1. Se você circulou este número, estamos de acordo que a professora nesta situação está provavelmente usando seu poder para proteger e não para punir – se ela está confiante de que o diretor não irá castigar a criança.

2. Se você circulou este número, não estamos de acordo. Os pensamentos do professor revelam os julgamentos que em geral aparecem quando há intenção de punir.

3. Se você circulou este número, não posso concordar que este seja um claro exemplo de uso da força para proteger. Não ficou claro para mim que esta seja a intenção do professor diante das informações dadas.

4. Se você circulou este número, estamos de acordo que este é um exemplo de uso protetivo de força.

5. Se você circulou este número, não estamos de acordo. Não ficou claro para mim que a intenção do professor seja de proteção em face das informações oferecidas. Eu deduziria que a intenção foi a de punir.

6. Se você circulou este número, não estamos de acordo. Como na situação anterior, as intenções do professor não estão claras. Eu deduziria que a intenção foi de punir.

7. Se você circulou este número, não estamos de acordo que este seja um exemplo de uso protetivo de força. Ao anunciar publicamente as notas das provas e continuar a expressar desaprovação em relação aos alunos que obtiveram notas baixas, eu entenderia que há uma tentativa de punir esses alunos fazendo-os sentir vergonha.

8. Se você circulou este número, estamos de acordo que os pensamentos do professor estão em harmonia com o uso de força para proteger.

CRIANDO EQUIPES DE SUSTENTAÇÃO

A maior parte dos americanos está bem ciente das iniquidades e deficiências das escolas públicas que parecem perpetuar a condição dos "menos privilegiados". Ou seja, são escolas onde os alunos se formam sem saber ler, carecendo das habilidades básicas para obter um emprego, fadados à pobreza ou à atividade criminosa – se conseguirem chegar a se formar. Os clamores por uma reforma na educação vêm e vão e jamais foram tão urgentes como os de agora.

Um dos erros que cometi foi o de presumir que, se conseguíssemos ter uma escola onde os alunos aprendessem mais e com mais rapidez, onde houvesse menos violência e mais cooperação, então eu teria conseguido todo o necessário. O mundo inteiro diria: "Nossa! Vejam este programa! Temos de fazer o mesmo!".

A verdade é que depois de termos conseguido criar programas como os descritos nesta obra, é preciso criar equipes que viabilizem a sua sobrevivência. As escolas e salas de aula que adotam a pedagogia para uma vida mais plena talvez estejam lutando para vicejar num sistema educacional cujo propósito, infelizmente, não apoia esta filosofia. Em qualquer sistema de dominação o objetivo, inadvertida ou propositalmente, é perpetuar o *status quo* – um sistema econômico no qual uns poucos detêm a riqueza e os privilégios enquanto outros permanecem na pobreza ou quase pobreza.

A longo prazo, sistemas assim não reagem positivamente ao tipo de inovações pedagógicas que proponho. É possível implementar estes programas, mas, a menos que se organizem equipes de longo prazo para dar-lhes sustentação, essas escolas tenderão a voltar às estruturas e procedimentos anteriores.

Ao ler os livros de Michael Katz (um deles é *The Irony of School Reform in America* [A ironia da reforma da educação nos Estados Unidos]), entendemos o porquê disso. Se mudarmos apenas o sistema educacional, estamos deixando de ver o quadro mais amplo. Estamos repetindo o que os movimentos de reforma vêm fazendo desde a instauração da educação pública nos Estados Unidos, ou seja, criando um programa que funciona melhor do que o anterior, mas que desaparece em cinco anos.

Katz afirma que o problema dessas iniciativas de reforma é que partem do pressuposto de que o único sistema necessitado de reforma é o da educação. São mudanças que carecem de uma visão política mais sofisticada. Os movimentos de reforma enxergam o que está errado nas escolas, mas não veem o papel que essas escolas estão conseguindo desempenhar: 1) manter um sistema de castas (as crianças das classes mais altas entram no sistema muito mais bem preparadas e, portanto, têm muito mais probabilidade de sucesso); 2) ensinar os alunos a trabalhar para obter recompensas extrínsecas (se esforçar para ter uma nota alta em vez de analisar se as matérias que estão estudando enriquecem sua vida), para que mais tarde trabalhem por salários; e, acima de tudo, 3) perpetuar o valor da obediência e da autoridade.

Perguntei a muitos professores: "Quais são os critérios pelos quais você é avaliado?". Eles me respondem: "Classes silenciosas. Classes organizadas". Este é o primeiro objetivo. O segundo é: "Um quadro de avisos bonito". Ultimamente temos ouvido clamores por mais responsabilização, por critérios de avaliação mais eficientes, contudo, a opinião da maioria ainda leva a crer que esse objetivo só pode ser atingido dentro de uma classe silenciosa com um quadro de avisos bonito.

Portanto, todos os reformadores, independentemente de sua filosofia educacional, têm avaliado os programas escolares da perspectiva dos educadores. Ausente a perspectiva política, eles não enxergam que a educação pública nos Estados Unidos foi criada para ensinar as pessoas a se ajustar e se conformar à economia da dominação (consumo como gerador de lucros para as empresas) e às organizações governamentais que controlam as escolas. Qualquer reforma que ignore esta verdade subjacente está fadada ao insucesso.

A importância de construir uma equipe cuja função é amparar a escola para tornar mais plena a vida ficou evidente no projeto pedagógico em que me envolvi em Rockford, Illinois. Era a primeira vez que eu tinha a oportunidade de contribuir para a criação de uma escola nesses moldes.

Como descrevi na introdução, uma diretora e um superintendente visionários vinham sonhando em criar uma escola assim como projeto piloto a fim de demonstrar suas vantagens sobre os modelos tradicionais. Depois de conseguir provar sua eficácia, o plano era criar escolas iguais em todo o sistema da educação pública.

Pouco tempo depois do início do projeto, surgiram resistências. A comunidade não estava acostumada a uma escola baseada naqueles valores. O superintendente e a diretora foram duramente criticados em frequentes ocasiões, e tentaram obrigá-los a pedir demissão. Felizmente, o projeto conseguiu ter continuidade, pois uma equipe de pais e professores se organizou para apoiar o superintendente e seu projeto. Fui convidado por essa equipe para dar treinamento aos professores e ao grupo de pais a fim de apoiar a iniciativa.

Em termos acadêmicos, a escola teve grande sucesso. O desempenho dos alunos melhorou, o vandalismo e outras formas de violência escolar diminuíram. No entanto, apesar de a escola ser bem-sucedida, foram eleitas quatro pessoas para o Conselho cuja campanha prometia fechar a escola. Aparentemente, os residentes daquela comunidade não conseguiam compreender uma escola que funcionasse de modo tão radicalmente diferente da escola que eles mesmos tinham frequentado.

Então o grupo de pais que tinham apoiado a criação da escola percebeu que seria preciso continuar a trabalhar em conjunto para manter vivo o projeto. Eles planejaram uma reunião com o Conselho, na esperança de ajudá-los a compreender os princípios que norteavam esse novo modelo de escola.

Não foi fácil conseguir agendar uma reunião. Levou dez meses. O presidente do Conselho se recusava repetidamente a responder mensagens ou cartas vindas da equipe. Felizmente, um membro da equipe conhecia uma senhora que pertencia ao mesmo círculo social do presidente do Conselho. Os pais explicaram os princípios da escola a esta senhora, e ela por sua vez conseguiu que o presidente do Conselho agendasse uma reunião.

A reunião atingiu seu objetivo. O Conselho consentiu em manter a escola, mesmo tendo sido eleito por sua posição contrária ao projeto. Sem essa equipe de pais no apoio, com certeza o projeto teria sido extinto.

Eu estava presente na reunião e comecei a conversar com um dos membros do Conselho, um médico, homem muito bem-educado, para tentar entender por que ele era tão contrário ao projeto. Ele disse que ficou perturbado quando observou que as crianças iam de uma sala para a outra, mas não ficavam em fila atrás do professor. Pedi outro exemplo, e ele disse que em uma das classes tinha visto as crianças jogando um jogo. E, depois, disse algo que tenho ouvido repetidas vezes ao longo dos anos: "As escolas não são lugar para diversão. Não se aprende nada brincando e se divertindo". Nosso projeto era muito diferente da concepção dele de escola. Foi preciso muita compreensão de ambos os lados para que ele decidisse apoiar uma escola tão diferente.

TRANSFORMANDO NOSSAS ESCOLAS

Embora o caminho que leva à inovação da educação não seja fácil, na minha visão é um modo poderoso de conseguir a paz no mundo. Se as futuras gerações forem educadas em escolas estruturadas de tal modo a dar importância às necessidades de todos, acredito que terão mais habilidade para criar famílias, locais de trabalho e governos que tornem mais plena a vida.

Nossa sociedade oferece muitos recursos para indivíduos que querem transformar suas vidas. Minha sugestão é que as escolas e outras organizações possam passar pela mesma transformação – com a ajuda do processo e dos princípios fundamentais da Comunicação Não Violenta. É possível criar um sistema que torne mais plena a vida de todos, em que todos tenham a oportunidade de fazer aquilo de que, no fundo, gostamos mais do que qualquer outra coisa: criar uma vida boa para nós mesmos e para os outros, atendendo às necessidades uns dos outros. Não importa o que aconteceu no passado dentro de uma escola ou de um sistema educacional – se os alunos, professores, pais e administradores aprenderem a fazer conexões de modo a enriquecer a vida, é inevitável que comecem a se formar comunidades que farão florescer a vida de todos. Vi isso acontecer muitas e muitas vezes, e é sempre uma experiência tão bonita que é impossível descrever com palavras.

BIBLIOGRAFIA

Albert, Linda. *Cooperative Discipline*. Circle Pines, MN: American Guidance Service, 1996.

Albom, Mitch. *Tuesdays with Morrie*. Doubleday, New York, 1997. [*A última grande lição*. Rio de Janeiro: Sextante, 1998.]

Bebermeyer, Ruth. "I Wonder" (LP album). La Crescenta, CA: Center for Nonviolent Communication, 1971.

Bebermeyer, Ruth. "Given To." La Crescenta, CA: Center for Nonviolent Communication, 1972.

Benne, Kenneth D. "Authority in Education", in *Harvard Educational Review*. Vol. 40, No. 3. Cambridge, MA, August 1970.

Bernanos, George. Citado em *Civil Disobedience: Theory and Practice*. Hugo Adam Bedon, ed. New York: Pegasus, 1969.

Buber, Martin. *A Believing Humanism: My Testament, 1902-65*. New York: Simon and Schuster, 1967.

Child Development Project. "Start the Year". San Ramon, CA: Developmental Studies Center, 1991.

Gosto da maneira como o Child Development Project descreve a classe como uma comunidade. Eles afirmam que é um lugar onde "o cuidado e a confiança são enfatizados, acima de restrições e ameaças, e onde a unidade e o orgulho (de realizações e de propósitos) substituem o ganhar e o perder, e onde cada pessoa é instada, ajudada e inspirada a viver os ideais de bondade, justiça e responsabilidade. Uma comunidade-classe desse tipo procura atender à necessidade que todo aluno tem, de se sentir competente, ligado aos outros e autônomo. Os estudantes são expostos não apenas a valores humanos universais, mas também têm oportunidades para pensar, discutir e agir com base nesses valores, ao mesmo tempo ganhando experiências que promovem a empatia e a compreensão dos outros".

Child Development Project. "Ways We Want Our Class to Be: Class Meetings That Build Commitment to Kindness and Learning." Oakland, CA: Developmental Studies Center, 1996.

Em vez de criar regras concretas, este projeto sugere discussões sobre "como queremos que seja a nossa classe" e como conseguir que isso aconteça.

Clark, Edward T. Jr. *Designing and Implementing an Integrated Curriculum*. Brandon, VT: Holistic Education Press, 1997.

Clark defende uma alfabetização funcional em que "professores e alunos trabalhem em cooperação para garantir que cada aluno formado esteja alfabetizado funcionalmente, ou seja, preparado para responder de modo deliberado e criativo às exigências da necessidade econômica; informado e esclarecido sobre suas responsabilidades sociais e; qualificado para exercer sua cidadania planetária" (p. 51). "A alfabetização funcional deve incluir a capacidade de consciente e deliberadamente criar visões pessoais e coletivas de futuros desejáveis, bem como as competências necessárias para fazer com que se manifestem" (p. 52). Ao discutir os princípios operacionais de sistemas vivos, Clark afirma que "A interdependência é o princípio unificador que atua em todos os sistemas. Como primeiro princípio da ecologia, ele define a natureza da complexa rede de relacionamentos que existem entre as partes individuais de um sistema e entre essas partes individuais e o sistema como um todo." (p. 100) "A interdependência é uma característica universal reconhecida como fundamental ao sucesso de todos os sistemas sociais, econômicos e políticos. Quando a criança compreende o que significa interdependência, ela consegue, por analogia, operacionalizar o conceito em número ilimitado de situações." (p. 101)

Clark, Kenneth. *Dark Ghetto*. New York: Harper & Row, 1965.

Combs, Arthur W. "Seeing is Believing". ASCD Annual Conference Address, 1958.

Covaleskie, John, F. "Discipline and Morality: Beyond Rules and Consequences". *Educational Forum*, 1992. vol. 56, 173-83.

"Um programa que ensina as crianças que elas devem obedecer às regras, mesmo que essas regras sejam legítimas e adequadamente escolhidas, está prestando um desserviço às crianças e à sociedade como um todo." (Dalai Lama, em mensagem do Central Tibetan Administration, Department of Information and International Relations, 2000.) Junto com a educação, que em geral trata apenas de realizações acadêmicas, é preciso desenvolver na mente dos jovens alunos mais altruísmo e senso de cuidado e responsabilidade para com os outros. Isso pode ser feito sem necessariamente envolver religião. Poderíamos chamar isso de "ética secular", pois de fato se trata de qualidades humanas básicas como bondade, compaixão, sinceridade, honestidade.

Deci, E.L., e Richard Ryan. *Intrinsic Motivation and Self-Determination in Human Behavior*. New York: Plenum, 1985.

As recompensas não passam de "controle através da sedução".

Dennison, George. *The Lives of Children*. New York: Random House, 1969.

DeVries, Rheta e Betty Zan. *Moral Classrooms, Moral Children: Creating a Constructivist Atmosphere in Early Education.* New York: Teachers College Press, 1994.
Nessa obra os autores afirmam que as crianças devem chegar ativamente à sua própria consciência do significado de ética.

Dewey, John. *Experience and Education.* New York: Collier Books, 1938. [*Experiência e Educação.* Petrópolis: Vozes, 2011.]

Eisler, Riane. *The Chalice and the Blade.* San Francisco: Harper & Row, 1987. [*O cálice e a espada.* São Paulo: Palas Athena. 2007.] Riane Eisler é membro do General Evolution Research Group da World Academy of Art and Science e da World Commission on Global Consciousness and Spirituality. Ela é presidente do Center for Partnership Studies – https://centerforpartnership.org [Acesso em: 04 set. 2021].

Eisler, Riane. *The Power of Partnership.* Novato, CA: New World Library, 2002. [*O poder da parceria.* São Paulo: Palas Athena, 2007.]

Eisler, Riane. *Tomorrow's Children.* Boulder, CO: Westview, 2000. Riane aplica à educação sua pesquisa sobre os modelos de parceria e dominação. Esse livro foi selecionado como um dos dez livros mais importantes sobre a educação do futuro pelo *Journal of Future Studies.*

Ellis, Albert, e Robert A. Harper. *A Guide to Rational Living.* Hollywood, CA: Wilshire Book Co., 1961.

Farber, Jerry. *Student as Nigger.* New York: Paperback Books, 1970.

Freire, Paulo. *Pedagogia do oprimido.* São Paulo: Paz e Terra, 1987.

Fromm, Erich. *The Revolution of Hope.* New York: Bantam Books, 1968. [*A revolução da esperança.* Rio de Janeiro: Zahar, 1969.]

Gardner, Herb. *A Thousand Clowns.* New York: Random House, 1962.

Gatto, John Taylor. *A Different Kind of Teacher.* Berkeley, CA: Berkeley Hills Books, 2001.

Glazer, Steven, ed. *The Heart of Learning: Spirituality in Education.* New York: Penguin Putnam, 1999.

Gordon, Thomas. *Parent Effectiveness Training*. New York: Wyden, Inc., 1970.

Grammer, Kathy e Red Grammer. "Teaching Peace". Smilin' Atcha Music, ASCAP, 1986.

Hampden-Turner, Charles. *Radical Man*. Cambridge, MA: Schenkman Pub. Co., 1970.

Holt, John. *How Children Fail*. New York: Pittman Publishing Corp., 1964.

Howe, Ruell. *Miracle of Dialogue*. New York: The Seabury Press, 1963.

Illich, Ivan. *Sociedade sem escolas*. Petrópolis: Vozes, 2018.

Katz, Michael. *The Irony of Early School Reform: Educational Innovation in Mid-Nineteenth Century Massachusetts*. Cambridge: Harvard University Press, 1968.

Kelley, Earl C. *In Defense of Youth*. Englewood Cliffs, NJ: Prentice-Hall, 1962.

Kohl, Herbert. *The Open Classroom*. New York: Vintage Books, 1969.

Kohn, Alfie. *Beyond Discipline: From Compliance to Community*. Alexandria, VA: Association for Supervision and Curriculum Development, 1996.

"A sofisticação ética consiste em certa medida da combinação de princípios e cuidado, de saber como se deve agir e preocupar-se com os outros." (p. 29) "As recompensas, como as punições, só conseguem manipular as ações de uma pessoa. Elas não conseguem fazer a criança se tornar uma pessoa gentil e cuidadosa." (p. 34) "O fato que precisamos encarar é este: quanto mais 'gerenciarmos' o comportamento dos alunos e tentarmos obrigá-los a fazer o que mandamos, tanto mais difícil será para eles se tornarem pessoas moralmente sofisticadas que pensam por si próprias e se importam com os outros." (p. 62) "Ao afirmar que uma classe ou escola é uma 'comunidade', quero dizer que é um lugar onde os alunos se sentem cuidados e são estimulados a cuidar uns dos outros." (p. 101)

Kohn, Alfie. *Punished by Rewards*. New York: Houghton-Mifflin, 1993. [*Punidos pelas recompensas*. São Paulo: Atlas, 1998.]

Lantieri, Linda, e Janet Patti. *Waging Peace in Our Schools*. Boston: Beacon Press, 1996.
"Nossa sociedade precisa de um novo modo de pensar sobre o que é ser uma pessoa educada. Não podemos mais ignorar o tecido emocional da vida da criança ou presumir que o aprendizado possa acontecer separadamente de seus sentimentos. Precisamos de uma visão pedagógica que reconheça que a habilidade de gerenciar nossas emoções, resolver conflitos e desmontar preconceitos são habilidades fundamentais – habilidades que podem e devem ser ensinadas." (p. 3) "Acreditamos num novo modelo educacional, que inclui o aprendizado social e emocional desde uma perspectiva multicultural. Em um tal modelo as escolas ajudam os jovens a se tornar indivíduos bondosos que participam como cidadãos num processo democrático dentro de uma comunidade plural." (p. 7)

Mager, Robert. *Preparing Instructional Objectives*. Palo Alto, CA: Fearon Publishers, 1962.

Marshall, Max S. *Teaching Without Grades*. Corvallis: Oregon State University Press, 1968.

May, Rollo. *Man's Search for Himself*. New York: W. W. Norton & Co., 1953. [*O homem à procura de si mesmo*. Petrópolis: Vozes, 1987.]

Merton, Thomas. *A via de Chuang Tzu*. Petrópolis: Vozes, 2002.

Miller, George A. "Psychology as a Means of Promoting Human Welfare". In *American Psychologist*, December 1969, Vol. 24, No. 12.
"Os problemas mais urgentes do nosso mundo atual são

aqueles que foram criados por nós mesmos. Não foram causados por uma Natureza inanimada, perversa e inconsciente; nem nos foram impostos como punição pela vontade de Deus. São problemas humanos cuja solução exigirá de nós mudar de comportamento e mudar nossas instituições sociais."

Orr, David W. *Earth in Mind: On Education, Environment, and the Human Prospect*. Washington, D.C.: Island Press, n.d.

"Se hoje for um dia típico no planeta Terra, estaremos perdendo 186 km^2 de floresta, ou um alqueire por segundo. Perderemos também 115 km^2 de terras para a desertificação, resultado do mau uso pelos humanos e da superpopulação. Perderemos de 40 a 250 espécies. Vale a pena notar que isso não é obra de pessoas ignorantes. Ao contrário, é em boa parte resultado do trabalho de pessoas com bacharelados, doutorados e pós-doutorados."

Piaget, Jean. *The Moral Judgment of the Child*. New York: Free Press, 1965. [*O juízo moral na criança*. São Paulo: Summus, 1994.]

"A autonomia moral aparece quando a mente vê como necessário um ideal que independe de pressões externas."

Postman, Neil, e Charles Weingartner. *Teaching as a Subversive Activity*. New York: Delacorte Press, 1969.

Postman, Neil. *The End of Education: Redefining the Value of School*. New York: Vintage Books, 1996.

"Poderíamos melhorar a qualidade da educação da noite para o dia, por assim dizer, se designássemos os professores de matemática para ensinar artes; os professores de artes para ensinar ciências; os professores de ciências para ensinar linguagem. Minha lógica é a seguinte: a maioria dos professores, especialmente os do ensino médio, dão aulas sobre matérias nas quais se destacavam quando eram estudantes. Eles consideravam aquela matéria fácil e agradável. Por isso, é improvável que compreendam por que aquela matéria parece tão difícil aos que não têm o mesmo pendor ou interesse, ou ambos."

Prather, Hugh. *Notes to Myself: My Struggle to Become a Person*. Lafayette, CA: Real People Press, 1970.

Raths, Louis E., Merrill Harmin, e Sidney B. Simon. *Values and Teaching*. Columbus, OH: Charles E. Merrill Pub. Co., 1966.

Rogers, Carl R. "Some Elements of Effective Interpersonal Communication". Discurso proferido no California Institute of Technology, Pasadena, CA, November 9, 1964.

Rogers, Carl R. "The Interpersonal Relationship in the Facilitation of Learning", in *Humanizing Education: The Person in the Process*. Editado por Robert R. Leeper. Washington, D.C.: Association for Supervision & Curriculum Development, National Education Association, 1967.

Rogers, Carl R. "What Psychology Has to Offer Teacher Education", in *Mental Health and Teacher Education*. Dubuque, IA: William C. Brown Co., Inc. Forty-Sixth Yearbook, 1967.

Rogers, Carl R. *Freedom to Learn*. Columbus, OH: Charles E. Merrill Co., 1969. [*Liberdade para aprender*. Belo Horizonte: Interlivros, 1973.]

Rosenthal, Robert, e Lenore Jacobson. *Pygmalion in the Classroom: Teacher Expectations and Pupil's Intellectual Ability*. New York: Holt, Rinehart & Winston, 1968.

Sax, Saville, e Sandra Hollander. *Reality Games*. New York: Macmillan Co., 1971.

Silberman, Charles. *Crisis in the Classroom*. New York: Random House, 1970. [*Crise em preto e branco*. Lisboa: Dom Quixote, 1966.]

Tolstoy, Leon. *Tolstoy on Education*. Chicago: University of Chicago Press, 1967.

Vallet, Robert. *The Remediation of Learning Disabilities*. Belmont, CA: Fearon Publishers, 1967.

Vallet, Robert. *Programming Learning Disabilities*. Belmont, CA: Fearon Publishers, 1969.

Van Witson, Betty. *Perceptual Learning Disabilities*. New York: (Columbia) Teachers College Press, 1967.

Whitehead, Alfred North. *The Aims of Education*. New York: Free Press, 1957. [*Os fins da educação*. Rio de Janeiro: Companhia Editora Nacional, 1969.]
"A educação trata apenas de uma matéria: a Vida em todas as suas manifestações."

Willis, Mariaemma, e Victoria Kindle Hodson. *Discover Your Child's Learning Style*, Rocklin, CA: Prima Publishing, 1999.
"[...] A capacidade de raciocínio avançado só se conquista quando permitimos que as pessoas aprendam através de sua modalidade mais predominante, qualquer que seja." (p. 154)

Wink, Walter. *The Powers that Be*. New York: Doubleday, 1998.

Zahn-Waxler, C., M. Radke-Yarrow, E. Wagner, e M. Chapman. "Development of Concern for Others." *Developmental Psychology*. 1992. 28, 127, 135.
"Mesmo crianças muito pequenas, de 2 anos de idade, possuem: (a) capacidade cognitiva para interpretar o estado físico e psicológico dos outros; (b) capacidade emocional de vivenciar afetivamente o estado do outro e; (c) repertório comportamental que lhes permite tentar aliviar o desconforto dos outros. Estas são capacidades que, acreditamos, são subjacentes ao comportamento bondoso das crianças perante o sofrimento alheio. Crianças muito pequenas parecem mostrar padrões éticos subjacentes que não foram internalizados por medo ou comando dos pais. Ao contrário, há evidência de que as crianças muito pequenas já se sentem responsáveis pelos outros, ligadas a eles e dependentes deles."

ÍNDICE REMISSIVO

aconselhamento, 74

Albom, Mitch, 21

altruísmo como meta educacional, 117-118, 167

alunos atuando como professores, 119-122

Anderson, JoAnne, 76-77

autodisciplina versus obediência, 135-136

autonomia, necessidade de, 48

autoridade, respeito pela, 135

avaliação
  de desempenho, 27-32, 102-110
  versus observação, 33-39

Bebermeyer, Ruth, 34-35

Cálice e a Espada, O (Riane Eisler), 132

celebração, necessidade de, 48

Chuang Tzu, 67

Clark, Kenneth, 151-152

competição por recompensas, 20, 118

compreensão versus empatia, 73-74

Comunicação Não Violenta, componentes da, 32-33
  como identificar e expressar sentimentos, 39-46
  como identificar necessidades, 46-50
  objetivos da, 33, 59, 95
  observar sem avaliar, 33-39
  ouvir com empatia, 67-84
  pedidos, 52-63
  responder "não" a pedidos, 93-100
  visão geral, 19-21, 32-33

comunidade
  de aprendizado interdependente, 20, 117-122
  geográfica, como recurso pedagógico, 125-126

concordar, 73-75

conflito no pátio da escola, 22-25

culpa como motivação, 19, 33, 135

defasagem cultural, diagnóstico, 150

críticas, 31, 33, 47, 79

Dalai Lama, 117-118

Dark Ghetto (Kenneth Clark), 151-152

déficit de atenção, diagnóstico, 151

desculpas, 73

dever como motivador, 19, 136

diagnósticos, 47, 61, 150-151

dificuldades de aprendizado, diagnóstico de, 150, 152

discordar, 74

distúrbios
de comportamento, diagnóstico, 150
emocionais, diagnóstico, 150, 152-153

dizer que compreende, 73

Eisler, Riane, 132-133

elogios, 31

empatia, *ver* escutar com empatia

equipes de sustentação, 159-163

escola que torna mais plena a vida em Rockford (Illinois), 11, 160-163

escolhas no aprendizado, 88-89 e 100-101

escutar com empatia
ao invés de repetir como um papagaio, 75
com tempo limitado, 75-76
e espelhar na fala, 69-71, 76
estando totalmente presente, 68
exercícios de prática, 81-84
tentando ouvir o pedido, 71-72
tentando ouvir sentimentos ou necessidades não externados, 78-80, 93-100, 112-115
tentativa de, 72-74
versus concordar, 74

ética secular, 117-118

exigências versus pedidos, 55-56, 59-63

explicação, 73

família disfuncional, diagnóstico, 150

força, uso de
para "o bem do outro", 90-91
para proteger e para punir, 21, 153-158

Índice remissivo

Grammer, Kathy e Red, 79

hiperatividade, como diagnóstico, 151

integridade como necessidade, 48

interdependência como necessidade, 48

interpretação, 47, 74

investigação, 73

Israel, escolas que tornam mais plena a vida em, 12, 119, 142-143

jogo dos saquinhos, 64-66

julgamentos, 18, 27-32, 47, 73, 149-153, 153-154

    certo e errado, 27-32

    de valor, 27-32

justificativa, 73

Katz, Michael, 160

limitação de tempo, 74-76

linguagem

    das avaliações de desempenho, 27-32

    de ação positiva, 53-55

    dos sistemas de dominação, 27-28, 149-153

    para expressar sentimentos, 41-42

    para solicitações ou pedidos, 52-55, 62

materiais pedagógicos, 122-125

mediação de conflitos pela CNV, 22-25, 93-96, 142-149

medo como motivação, 19, 33, 86

Milena, 76-77

Miller, George, 131

modelo de dominação

    descrição do, 19, 85-86, 131-136

    fator de escolha no, 88-89

    linguagem do, 27-28, 149-158

    punição e recompensa no, 30, 153-158

modelo de parceria, *ver* modelo que torna mais plena a vida

modelo que torna mais plena a vida, 12-13, 17-21, 117, 128-129, 131, 134-136

módulos (unidades) de aprendizado, 122-123

motivadores, 19, 33, 86, 136

música "Nunca vi um preguiçoso" (Bebermeyer), 34-35

música "Veja a beleza que existe em mim" (Grammer), 79-80

necessidades
  de bem-estar físico, 48
  de comunhão espiritual, 48
  de lazer, 48
  especiais como diagnóstico, 149
  exercícios, 50-52, 97-100
  humanas universais, 48
  identificação de, 49
  sentimentos e, 46-48
  notas e provas, 20, 107-115

obediência versus autodisciplina, 135-136

objetivos de aprendizado
  exemplos de, 91-93
  habilidades de comunicação para apresentar, 87, 93-100
  medos dos alunos, 101-102
  medos dos professores, 90-91
  mutuamente acordados, 20
  nos sistemas de dominação, 86
  o fator da escolha, 88-89, 100-101
  processo de avaliação, 102-110
  propósito dos, que enriquece a vida, 68-69

obrigação como motivador, 19, 136

observar sem avaliar
  exemplos, 36
  exercícios, 37-39
  visão geral, 33-36

pacificadores, 142-143; *ver também* mediação

Page, Bill, 1

pais como recurso pedagógico, 123-125

parafrasear, 143; *ver também* escutar com empatia

pedidos
  como expressar, 52-55
  escutar buscando os, 71-72
  exercícios, 57-59
  recursos, 122-126
  versus exigências, 55-56, 59-63

pena/piedade, 68-69, 73

permissividade, 86, 141-142

perpetuação do *status quo* como meta, 159-160

personalização, 74

Poder da Parceria, O (Riane Eisler), 132

Prather, Hugh, 77

presença como componente da empatia, 68, 76

processo de avaliação, 27-32, 102-110

professor como agente de viagem, 120-122

punição e recompensa, 18-21, 31, 33, 86, 136, 141-142

recursos pedagógicos, 122-126

registro de progresso de alunos, 126-128

regras e regulamentos, 21, 134, 141-142

relações de parceria ao estabelecer objetivos, *ver* objetivos de aprendizado

resolução de conflitos nos modelos de dominação e cooperação, 134-135

responsabilidade versus notas, 107-110

Rogers, Carl, 100-101

rótulos, 27-28, 47, 61, 152-153; *ver também* julgamentos, diagnósticos

"Sala de não fazer nada", caso da, 137-142

Schwartz, Morrie, 21, 110-111

sentimentos
causa versus estímulo, 46-47
exercícios práticos, 43-45
identificar e expressar, 45-47
necessidades e, 46-47
vocabulário de, 41-42

Shaheen, Tom, 11

Shapiro, Miri, 12

silêncio na escuta empática, 78

táticas de "poder sobre", 85, 133

teoria do espinafre, 90-91

vergonha como motivação, 18-19, 33, 135

voluntariado no apoio ao aprendizado, 125

Wink, Walter, 132-133

ANOTAÇÕES

| Anotações

OS QUATRO COMPONENTES DA CNV

Expressar, objetivamente, como **eu estou**, sem culpar ou criticar.

Receber, empaticamente, como **você está**, sem ouvir recriminações ou críticas.

OBSERVAÇÕES

1. O que eu observo (*vejo, ouço, lembro, imagino, livre de minhas avaliações*) que contribui, ou não, para o meu bem-estar:

    "*Quando eu (vejo, ouço, ...) ...*"

1. O que você observa (*vê, ouve, lembra, imagina, livre de suas avaliações*) que contribui, ou não, para o seu bem-estar:

    "*Quando você (vê, ouve, ...) ...*"
    (Coisas que recebemos empaticamente, mesmo que não tenham sido ditas dessa forma.)

SENTIMENTOS

2. Como eu me sinto (*emoção ou sensação em vez de pensamento*) em relação ao que observo:

    "*Eu me sinto ...*"

2. Como você se sente (*emoção ou sensação em vez de pensamento*) em relação ao que observa:

    "*Você se sente ...*"

NECESSIDADES

3. De que eu preciso ou o que é importante para mim (*em vez de uma preferência ou de uma ação específica*) – a causa dos meus sentimentos:

    "*... porque eu preciso de / porque é importante para mim ...*"

3. De que você precisa ou o que é importante para você (*em vez de uma preferência ou de uma ação específica*) – a causa dos seus sentimentos:

    "*... porque você precisa de / porque é importante para você ...*"

Faço um pedido claro, sem exigir, de algo que enriqueceria **minha** vida.

Recebo empaticamente o seu pedido de algo que enriqueceria **sua** vida, sem ouvir como uma exigência.

PEDIDOS

4. As ações concretas que eu gostaria que ocorressem:

    "*Você estaria disposto/a ...?*"

4. As ações concretas que você gostaria que ocorressem:

    "*Você gostaria de ...?*"
    (Coisas que recebemos empaticamente, mesmo que não tenham sido ditas dessa forma.)

OUVIR   FALAR

LISTA DE ALGUNS SENTIMENTOS UNIVERSAIS

Sentimentos quando as necessidades estão atendidas:

- admirado
- agradecido
- aliviado
- animado
- comovido

- confiante
- confortável
- curioso
- emocionado
- esperançoso

- feliz
- inspirado
- motivado
- orgulhoso
- otimista

- realizado
- revigorado
- satisfeito
- seguro
- surpreso

Sentimentos quando as necessidades não estão atendidas:

- aborrecido
- aflito
- assoberbado
- confuso
- constrangido

- desanimado
- decepcionado
- desconfortável
- frustrado
- impaciente

- impotente
- intrigado
- irritado
- nervoso
- preocupado

- relutante
- sem esperança
- solitário
- triste
- zangado

LISTA DE ALGUMAS NECESSIDADES UNIVERSAIS

Autonomia
- escolher sonhos/propósitos/valores
- escolher planos para realizar os próprios sonhos, propósitos, valores

Bem-estar físico
- abrigo
- água
- ar
- comida
- descanso
- expressão sexual
- movimento, exercício
- proteção contra ameaças à vida: vírus, bactérias, insetos, animais predadores
- toque

Celebração
- celebrar a criação da vida e os sonhos realizados
- lamentar perdas: de entes queridos, sonhos etc. (luto)

Comunhão espiritual
- beleza
- harmonia
- inspiração
- ordem
- paz

Integridade
- autenticidade
- criatividade
- sentido
- valor próprio

Interdependência
- aceitação
- acolhimento
- amor
- apoio
- apreciação
- compreensão
- comunidade
- confiança
- consideração
- contribuição para o enriquecimento da vida
- empatia
- honestidade (a honestidade que nos permite tirar um aprendizado de nossas limitações)
- proximidade
- respeito
- segurança emocional

Lazer
- diversão
- riso

SOBRE A COMUNICAÇÃO NÃO VIOLENTA

Do dormitório às altas esferas de decisão empresarial, da sala de aula à zona de guerra, a CNV está mudando vidas todos os dias. Ela oferece um método eficaz e de fácil compreensão que consegue chegar nas raízes da violência e do sofrimento de um modo pacífico. Ao examinar as necessidades não atendidas por trás do que fazemos e dizemos, a CNV ajuda a reduzir hostilidades, curar a dor e fortalecer relacionamentos profissionais e pessoais. A CNV está sendo ensinada em empresas, escolas, prisões e centros de mediação no mundo todo. E está provocando mudanças culturais, pois instituições, corporações e governos estão integrando a consciência própria da CNV às suas estruturas e abordagens de liderança.

A maioria tem fome de habilidades que melhorem a qualidade dos relacionamentos, aprofundem o sentido de empoderamento pessoal, ou mesmo contribuam para uma comunicação mais eficaz. É lamentável que tenhamos sido educados desde o nascimento para competir, julgar, exigir e diagnosticar – pensar e comunicar-se em termos do que está "certo" e "errado" nas pessoas. Na melhor das hipóteses, as formas habituais de falar atrapalham a comunicação e criam mal-entendidos e frustração. Pior, podem gerar raiva e dor e levar à violência. Inadvertidamente, mesmo as pessoas com as melhores intenções acabam gerando conflitos desnecessários.

A CNV nos ajuda a perceber além da superfície e descobrir o que está vivo e é vital em nós, e como todas as nossas ações se baseiam em necessidades humanas que estamos tentando satisfazer. Aprendemos a desenvolver um vocabulário de sentimentos e necessidades que nos ajuda a expressar com mais clareza o que está acontecendo dentro de nós em qualquer momento. Ao compreender e reconhecer nossas necessidades, desenvolvemos uma base partilhada que permite relacionamentos muito mais satisfatórios.

Junte-se aos milhares de pessoas do mundo todo que aprimoraram seus relacionamentos e suas vidas por meio desse processo simples, porém revolucionário.

SOBRE O CENTER FOR NONVIOLENT COMMUNICATION

O CENTER for Nonviolent Communication (CNVC) é uma organização global que apoia o aprendizado e a partilha da Comunicação Não Violenta e ajuda as pessoas a resolver conflitos de modo pacífico e eficaz no contexto individual, organizacional e político.

O CNVC é guardião da integridade do processo de CNV e um ponto de convergência para informação e recursos relacionados à CNV, inclusive treinamento, resolução de conflitos, projetos e serviços de consultoria organizacional. Sua missão é contribuir para relações humanas mais sustentáveis, compassivas e que apoiem a vida no âmbito da mudança pessoal, dos relacionamentos interpessoais e dos sistemas e estruturas sociais, tais como nos negócios, na economia, na educação, justiça, sistema de saúde e manutenção da paz. O trabalho de CNV está sendo realizado em 65 países e crescendo, tocando a vida de centenas de milhares de pessoas por todo o mundo.

Visite o site **www.cnvc.org**, onde poderá saber mais sobre as atividades principais da organização:
- Programa de Certificação
- Treinamentos Intensivos Internacionais
- Formação em CNV
- Patrocínio de projetos de mudança social através da CNV
- Criação ou ajuda na criação de materiais pedagógicos para ensinar CNV
- Distribuição e venda de materiais pedagógicos de CNV
- Ligações entre o público em geral e a comunidade de CNV

The Center for Nonviolent Communication
1401 Lavaca St. #873 | Austin, TX 78701-1634 USA.
Tel: 1 (505) 244-4041 | Fax: 1 (505) 247-0414

SOBRE O AUTOR

MARSHALL B. Rosenberg, Ph.D., fundou e foi diretor de serviços educacionais do Center for Nonviolent Communication – CNVC, uma organização internacional de construção de paz. Além deste livro, é autor do clássico *Comunicação Não Violenta* e de muitas obras sobre este tema. Marshall foi agraciado com o Bridge of Peace Award, da Global Village Foundation, em 2006, e com o prêmio Light of God Expressing Award, da Association of Unity Churches International, no mesmo ano.

Tendo crescido num bairro violento de Detroit, Marshall interessou-se vivamente por novas formas de comunicação que pudessem oferecer alternativas pacíficas às agressões que ele presenciou. Esse interesse motivou seus estudos até o doutorado em Psicologia Clínica da University of Wisconsin em 1961, onde foi aluno de Carl Rogers. Estudos e vivências posteriores no campo da religião comparada motivaram-no a desenvolver o processo de Comunicação Não Violenta.

Marshall aplicou o processo de CNV pela primeira vez em um projeto federal de integração escolar durante os anos 1960 com a finalidade de oferecer mediação e treinamento em habilidades de comunicação. Em 1984 fundou o CNVC, que hoje conta com mais de duzentos professores de CNV afiliados, em 35 países do mundo inteiro.

Com violão e fantoches nas mãos e um histórico de viagens a alguns dos lugares mais violentos do planeta, dotado de grande energia espiritual, Marshall nos mostrou como criar um mundo mais pacífico e satisfatório.

Texto composto em Palatino LT Std.
Impresso em papel Pólen Soft 80g na Cromosete.